乐活·当下

LOHAS

空门·尘世

马尔旦 编著

山东大学出版社

图书在版编目(CIP)数据

空门·尘世/马尔旦编著.—济南:山东大学出版社,2015.10
(乐活·当下)
ISBN 978-7-5607-5300-3

Ⅰ.①空… Ⅱ.①马… Ⅲ.①禅宗—人生哲学—通俗读物 Ⅳ.①B946.5-49

中国版本图书馆 CIP 数据核字(2015)第 142743 号

责任策划:徐琳琳　郑琳琳
责任编辑:秦大忠
封面设计:张　荔

出版发行:山东大学出版社
社　址　山东省济南市山大南路 20 号
邮　编　250100
电　话　市场部(0531)88364466
经　销:山东省新华书店
印　刷:济南华林彩印有限公司
规　格:700 毫米×1000 毫米　1/16
7.75 印张　79 千字
版　次:2015 年 10 月第 1 版
印　次:2015 年 10 月第 1 次印刷
定　价:24.00 元

PREFACE

前言

有这样一群人，他们关心生病的地球，也担心自己生病，于是发起了一种新的生活运动。他们吃健康食品，穿天然材质的衣物，使用二手的家居用品；他们骑自行车或者步行，练瑜伽健身；他们注重个人成长，听心灵音乐……他们希望以此让自己变得心情愉悦，身体健康，光彩照人。

乐活，就是这样一种追崇身心健康、快乐、环保、可持续的时尚生活的理念与方式，由“LOHAS”音译而来。“LOHAS”是英语“Lifestyles of Health and Sustainability”的缩写，意为健康及自给自足的生活形态。无论是生活方式上的低碳环保，还是心灵深处的静心修炼，乐活都如同清新的空气，给我们当下快节奏、高强度、大压力的生活增添了更多盎然的生机和绿意。崇尚乐活、热爱生活的“乐活族”应运而生。

“当下”则是佛经里讲的最小时间单位。1 分钟有 60 秒，1 秒钟有 60 个刹那，1 刹那有 60 个当下。也就是说，1 秒钟就是 3600 个当下。把时间切到很小很小的单位，当下就是永恒。后来，“当下”这个佛教用语，就被广泛借用于民间了。

于丹说,我们在这个世界上承担重任时,不应像一个苦行僧那样去忍辱负重,而应该快乐地举重若轻。同样是重,为啥不轻盈地把它举起来呢?生命有诸多不如意,人能活着感觉到的就只有当下。我们要把握当下美好的日子,享受当下的每一个时刻;我们要扼住那些倒霉的日子,把它变得美妙起来。我们要果敢地去追求幸福,活着一日就要幸福一日。

乐活,就要在当下!

"乐活·当下"就是这样一套让你每日都乐活的智慧幸福书系,它让你在每一篇小故事中获得很大的幸福。降低自身的欲望,放慢生活的节奏,平缓自己的呼吸,减少浮躁的行动,逐渐体验当下的慢生活、简单生活、宁静生活与悠闲生活的价值与趣味。让笑容回归,让灿烂重现。

乐活在当下,恬淡是首先要做到的事情。然而喧嚣的世界,怎么能容许我们恬淡自在呢?除非我们真的有勇气拔掉插头,不看电视,不听音乐,不上网,不驾车,真正探寻自己内心需要的东西,不依赖于物质,不受诱惑,给欲望一个合适的距离,才不会随波逐流,被物欲扰乱本性,在世俗中迷失自己。非如此,无以恬淡。幸福生活并不是让我们躲进空门,远离尘世。空门不是幸福的终点,尘世亦非万丈深渊。

快乐幸福的生活有时候真的很简单,即不被物欲所累,生活淡泊质朴，心境平和宁静。幸福，人人触手可及，在任何时候都可以“光临”我们。只要我们能做到——恬淡为上，由纷繁复杂回归简单质朴，自在于自然的本相，懂得给欲望一个适当的距离。

乐活在当下，就是每一个人幸福生活的开始。

编者

2015年10月

CONTENTS

目录

第一章

求神不如求己

◎ 财神和乞丐
◎ 唯其痛苦，才有快乐
◎ 没有变甜的苦瓜
◎ 珍贵的礼物
◎ 死亡的名字

我们可以使我们的心灵成为“美”的艺术馆,也可以使我们的心灵成为“恶”的城堡。每个人的心灵世界都是由他自己建造的,能够净化自己心灵的人,就一定能够以希望替代失望,以积极替代消极,以决心替代怀疑,以乐观替代悲观。能够让心中充盈各种积极的情绪,充满诸如乐观、积极、愉快,就能够肃清一切精神上的敌人,创造美好的人生。

财神和乞丐

古时候，人们很相信财神，三百六十行，行行供财神。据传，诚心诚意地祈求，财神便会赐福，所以，家家户户、行行业业每逢困顿时就会祈求财神。

话说有位商人，因轻信他人而经营亏损，一夜之间家破人亡、妻离子散，沦为乞丐。这时他想起了百姓颂传的财神，于是每天虔心祈祷，希望财神能让他的财产回来。

他的诚心终于打动了财神，刚回到家便听见有人敲门，打开门一看，门口站着一个陌生的美貌少女。这位商人问少女从哪里来、有何指教，美貌少女嫣然笑道："我是财神，是来帮助你的。"

商人大喜若狂，于是准备了一桌丰富的酒席招待财神。

酒席刚刚摆上，又闻一阵敲门声，他开门一看，却是一个又黑又长着满脸麻子的丑女郎，当即拉下脸道："要乞讨的话就明天再来，我今天没空。"孰料丑女郎坚持往里闯，并嚷嚷着："我是来吃酒席的。"商人害怕美丽的财神被丑女郎吓跑便全力阻止，却听丑女郎哼哼道:“财神是我姐姐,我是她妹妹,我们姐妹自古至今,从未分离过。你既请我姐姐吃饭,为何不请我?我没向你发脾气已是很客气了。你没有听过吗?我姐姐专给人赐福,我是紧随她之后、专给人化财的化财神,先天定律,你能例外吗?”

商人恍然大悟,原来富贵贫穷皆有时。正如《淮南子 · 兵略训》中形容富贵贫穷时所言:“若春秋有代谢,若日月有昼夜,终而复始,明而复晦。”贫与富来去无常,变化不定,这是古今不变的道理。

唯其痛苦，才有快乐

“唯其痛苦，才有快乐”，是贝多芬致艾尔多迪夫人的一封信中的一句话，也是贝多芬对自己一生的概括。

他是音乐界的巨人，也是命运的悲苦者；他未曾放弃对音乐的执着，也从没有失去对人生的信念；他有一个酗酒的父亲，在 17 岁的时候失去了疼爱自己的母亲；他饱受病痛的折磨，又得不到自己想要的爱情；他是穷困潦倒、残废而孤独的音乐人，也是受到后世万分推崇的音乐家；他承受着命运带给他的悲苦，又给全世界创造了快乐。

命运给了贝多芬什么？没有父母的疼爱，没有完整的家庭，没有顺遂的爱情，甚至连健康的身体都没有。但是，即便身处痛苦的旋涡当中，贝多芬仍旧讴歌快乐。他的快乐，是用痛苦锻造出来的，所以才会感染全世界，虽经历岁月的磨难，依然绚丽如初。

当世人沉浸在成败得失中不可自拔时，又怎会听到贝多芬那句惊天动地的呐喊——“我要扼住命运的喉咙”！芸芸众生，有几个人有勇气像贝多芬一样，在生命的最后时刻说“这是喜剧的收场”？

有人说，人活着很痛苦、很忧愁，生老病死谁也逃不掉，不如做随心所欲的动物。殊不知动物世界有其独特的食物链，它们时时防备，步步为营，为的是不被天敌吃掉，可见动物的生存条件比人类残酷千万倍。但凡有生命的都有自己的苦衷，哪怕蚊虫、蚂蚁也是一样。

苦与乐乃人生之两面，就像人失望时痛苦、满足时快乐一样。苦大于乐，是因眼睛看得太近，心想得太远。有人说：“有时候我们宁愿做一头快乐的猪，也不要做痛苦的人。”此话大谬！人是万物之灵，世上虽有万般痛苦，但人只要能放下随它去，则任何痛苦都不会影响自己的心灵，更不会苦不堪言地活着。

既然我们来到这个世界，既然我们活着，便要快乐地享受生命。痛苦让我们的人生变得丰富和深刻，但若是让它主宰我们的心灵和时间便不好了。累了就休息一下，苦了就寻找快乐，痛了就喊出来。人生在世，苦也莫惧，乐也莫喜，但自远离斤斤计较，让你的心灵少一点杂念，多一些纯净，你的生活就会少一点烦扰，多一些平静，减一些困惑，增一些智慧。

没有变甜的苦瓜

十年一度的朝圣之日即将来临，某寺院一群道行高深的僧人准备前去朝圣。临行时师父拿出一根苦瓜对弟子们说："把它带在身上，每跨过一条圣河便把它拿出来浸泡一下，当你们抵达圣殿之后，把它放到圣桌之上供奉起来，并且要每天朝拜它。"诸弟子虽然未解师意，但仍然遵照师父之话恭恭敬敬地做了。他们一路风餐露宿，幕天席地，偶尔也在途中的寺院或村民家中借宿；他们风雨兼程，披星戴月，饱尝千辛万苦，许许多多的圣河及圣殿……终于把那根苦瓜带回并交还师父，师父却并没把这根苦瓜珍藏起来，而是让弟子们把苦瓜煮了当晚餐。

诸弟子做好苦瓜晚餐之后，一个个伸长脖子等着品味浸过多次圣水和受到多次朝拜的苦瓜，好奇这根不寻常的苦瓜到底是何味道。晚餐之时，师父夹起一片苦瓜，尝了一口后微笑道："多奇怪啊，这苦瓜多次浸过圣水，也随你们进过多座圣殿，还受过许多人的朝拜，居然没有变甜！"诸弟子闻言面面相觑，只有四五位悟性较高的弟子领悟了师父的话。

人生的旅途中充满了苦难，这苦难的背后隐藏着人生的真谛，这真谛不会由于时间的长短和周围环境的变化而改变，好比苦瓜不会因圣水、圣殿而有所改变一样。社会也好，生活也罢，酸、甜、苦、辣、咸、淡六味而已。

酸：譬若青苹果的酸涩，生活中总是上演一幕幕让你心酸洒泪的故事，它让你的生活充满酸涩的梦幻，却同时让你更看清生活、热爱生活，体悟如此美妙的生命、如此精彩的世界。

甜：人生与甜应该并存，生活跟甜也应密不可分。我们许多人都是在糖水中泡大的，出门有车，餐餐山珍海味、琼浆玉液，住着高楼大厦，锦堂华屋、丰衣足食已成为现代人的标志。可惜我们甜味尝得太多，反而渐渐有了麻木感，甜美围绕着我们，而我们却感觉不到甜美的滋味。其实生活中充满了甜味，只要你好好地呼吸，认真地生活,便可心领神会。

苦:苦与甜是一对孪生子,它们始终如影随形。生即是苦,老即是苦,病即是苦,死即是苦,爱别离苦,怨憎会苦,求不得苦,五阴盛苦。苦虽是人生之中最不受欢迎的味道,但没有苦又哪有甜?

辣:民间传说凤凰未变成凤凰之前,只是一只微不足道的麻雀,这麻雀却在浴火涅槃之后成了凤凰。我们的生活中总有如火烧身的辣,但它是你蜕变升华、抵达幸福彼岸的必经之路。

咸:生活之中总有让人喜极而泣、乐极生悲、甜中生苦之事,生活本身像一本包罗万象、应有尽有的好书,它能让人笑,也同样能让人哭,每一滴眼泪都让生活自然而然地透出丝丝咸味。

淡:清代有人写过一首诗:"人生好似扑灯蛾,见利忘身却为何,寤寐思之昏若梦,醒来不觉笑呵呵。"生活源于自然,归于自然,人生种种滋味皆以"淡"结尾,它像一杯无论贵贱都会茶淡杯空的茶。

世间形形色色,人生宛若一个调味瓶,里面六味俱全,苦辣酸甜咸淡一样不少。花朵只有穿过厚重而黑暗的泥土才能看到阳光,小鸟也只有失去无数的羽毛才能飞翔。

社会不可能像矿泉水一样清澈,像白雪一样雪白,就如苦瓜永远是苦瓜一样,重要的是吃苦瓜之人的心。净土只往心中寻,红尘正是修行处!

珍贵的礼物

有一则寓言故事告诉我们:对有些事应知足,对有些事却应知不足。

有一个灵魂将要投胎,由于他一直以来修行得很好,临行之前,佛祖要赏赐给他 12 件礼物。这 12 件礼物,放在 12 个盒子里。

这个灵魂打开第一个盒子,盒子里面装的是“智慧”,于是他高高兴兴地收下了。接下来,他依次打开了后边的盒子,发现里边分别装着“健康”“朋友”“英俊”“力量”“高贵”“关怀”“朋友”“财富”“情感”“知识”,他愉快地接收了这些礼物。但是,最后一个盒子里边装的却是“不满足”,他抱起最后一个盒子,走到佛祖面前,说这件礼物自己不能接受。

佛祖听了他的话,问:“你为什么不要这件礼物呢?”

灵魂回答说:“人都说‘知足常乐’,我上辈子就是不懂得知足,才让自己错失了很多快乐,所以想要好好享受一下新的生命历程,不想让自己为了欲望再去耗费人生。”

佛祖笑笑,收回了那个盒子。

由于修行得很好,这个灵魂投胎到了一个国王家里,成了一个小王子。春去秋来,随着岁月的流逝,小王子逐渐长大了。他身体健康,样貌俊朗,善良温和,懂得知足。但在他的心里,却一直保持着一种得过且过的观念,这种观念使得他缺少雄心壮志。待到老国王驾崩,王子继承了王位,当上了这个国家的国王。出于那种事事满足的心理,新国王对自己国家的一切状况都十分满意,更加没有建功立业的抱负。

慢慢地,因为国王的不思进取,大臣们也开始得过且过了。这个曾经美丽富足的国家,开始走下坡路了,最终被邻国吞并了。这个年轻的国王,也在与邻国的战争中丢了自己的性命。

他死后,灵魂又见到了佛祖,尽数记起了前尘往事。他告诉佛祖说:"因为拒绝了一个盒子,我又丢失了一辈子的锦绣前程。"

很多时候,我们接受的都是"知足常乐"的善意提醒,岂不知,在某些事上知足,而在另一些事上奋发,才能帮我们把握更多的幸福。

死亡的名字

从前，有五个很好的朋友住在一个名叫“希望”的小镇上。一天，这五个人当中的两个突然去世了，他们分别是“友谊”和“快乐”。剩下的三个人对这一情况感到惊奇，于是多方打听，得知他们是被一个名叫“死亡”的人谋杀了。为了给好朋友报仇，这三个人决定去寻找“死亡”。于是，他们收拾了行囊，告别了亲朋好友，踏上了寻找“死亡”的路途。

他们跋山涉水，走过了很多的地方。不管遇到什么样的困难，三个人都能齐心协力、互帮互助地一一克服。一路上，他们向很多人打听“死亡”的下落，但是没有人知道他在哪里，甚至并不知道有这个人的存在。一天，他们经过一个小村庄，忽然迎面跑过来很多人，这些人非常惊恐不安。三个人不明所以，于是匆匆拉住一个人询问。这个人告诉他们说：“有一个叫‘死亡’的人，正在疯狂地杀人，你们也赶快逃跑吧，不然就没命了！”三个人听了，心想终于找到要找的人了，于是激动地说：“我们三个告别家乡，就是出来找

‘死亡’复仇的，请你告诉我们‘死亡’在什么地方吧。”这个人对他们说：“你们看到后边的那座山了吧？‘死亡’就在那座山上。山上有个洞，‘死亡’就住在那里边。”说完这些，这个人就匆匆跑开了。

终于得知了“死亡”的下落，三个人又是激动又是兴奋地跑向山上。他们边跑边准备好自己的武器，想要将“死亡”杀掉。但是，当他们找到山洞的时候，并没有看到他们想象中的“死亡”。他们原本以为，“死亡”一定长得狰狞恐怖，一定会有庞大的身躯，但是他们只发现洞里放着一大箱子的金银财宝。三个人高兴极了，看到这些财宝，他们早已忘了前来的目的，欣喜若狂地从箱子里抓取珠宝，不停地往自己的口袋里塞。

正在这时，领头的那个人说："我们必须好好看守这些宝贝，不能让别人发现，要不然别人会以为是我们偷来的，到时候我们不但得不到这些财物，还会被官府投进大牢。"另外两个人听了，急切地问道："那我们怎么办呢？"领头的那个人细细想了一会儿，说："我们抽签决定吧，谁抽到最短的签谁就负责下山去买吃的。等到天黑我们就把箱子里的东西分了，然后各自带着钱财下山。"于是，三个人分别抽了签。

结果，他们当中最小的那个人抽到了最短的那根签。于是，这位年轻人就独自下山去买食物了。留下来守着宝藏的两个人，却开始偷偷地谋划起来了。他们都想多分一点儿宝贝，于是两人想出一个狠毒的计划：等他们这位年轻的伙伴回来，他们两个就合伙在他没有防备的情况下将他杀掉。

殊不知，那位下山买食物的年轻小伙子也有自己的打算。本来他就不满意自己下山买东西，念念都是箱子里的财宝。就在他买好食物往回走的时候，他突然想："如果在买到的这些食物里面下毒，到时候再借口自己在山下已吃过饭而不与他们同食，等他们中毒身亡之后，那一箱子的金银财宝就都是我一个人的了。"

于是，他买了毒药并放到食物里，怀着激动而忐忑的心情回去了。谁知，他刚走进山洞，就被埋伏在那里的两个同伴杀害了。想到可以多分一点儿财宝，活着的两个人得意洋洋地吃着同伴带回来的食物，不久也毒发身亡了。

其实，他们要找的"死亡"，就是隐藏在钱财背后的一己私欲和贪婪。就像杀死"快乐"和"友谊"一样，"死亡"又轻而易举地杀死了他们三个。在贪婪和欲望面前，不管是友谊还是快乐，都将会被埋入坟墓。

第二章

安静做自己

◎ 得到的忐忑
◎ 立足自己，筛选信息
◎ 放弃你的钥匙
◎ 佛祖的袈裟

弥尔顿因为失明而写出了惊世骇俗、名传千古的诗篇，贝多芬因为失聪而谱出了流芳百世、永垂不朽的名曲，达尔文也承认如果不是自己身有残疾，也许便不会取得多大的成就，世界著名小提琴家欧利·布尔在某次音乐演奏会上用一把只剩三根弦的小提琴完美地奏完了全曲。

这些成功的人其实没有什么秘诀，就是他们都在安静地做着自己。

得到的忐忑

有时候，当我们没有钱或者地位的时候，日子过得轻松快乐，但是如果突然拥有了这些东西，我们却反而会充满烦恼和忧愁，以至于丧失了本有的快乐。

从前有一个樵夫，一个人独自住在深山里，没有子女，没有亲戚，家里非常简陋，根本就没有什么值钱的东西，但是这个樵夫却过得很快乐。

有一天，樵夫在山里捡到一把斧头，他以为这只是一把很平常的斧头，就天天提着它去砍柴。然后，再把砍好的柴挑到街上去卖，用挣来的钱换一些生活用品。

那一把斧头每天都跟着樵夫，砍钝了就磨，磨好了再砍，原本一尺多长的斧头就这样被他磨去了一半。

有一天，一个古董商人无意中碰到了这个樵夫，他一眼就看出樵夫手上的斧头是非常珍贵的东西，因此就对樵夫说："你的斧头卖不卖啊？"

“不卖,我每天的生活就是靠它,卖了斧头,我怎么砍柴?”樵夫很认真地说。

这个时候,这个古董商人着急地说:“我给你一百匹绸缎,你可以用来做一些别的事情,何必非要这么辛苦地砍柴呢?”

商人的这些话似乎没有打动樵夫的心,他只是默默地站着。商人看到这种情况,以为樵夫嫌少,就又说:“我给你二百匹,卖不卖?”

樵夫仍然不作声,但脸上却出现了不快活的神色。

“你别嫌少,我给你五百匹。”

这个时候樵夫却突然大声地哭了起来，商人非常惊慌，不知所措地问："你别哭啊，是不是嫌少啊？我再给你增加好了。"

这时樵夫悲伤地说："原来，我有这么一个宝贝啊，可是它原来有一尺多长呢，却被我磨得只剩下半尺了。半尺都这么值钱，更何况是一尺呢？"

商人听后，笑着说："我给你一千匹，这样也算是很好的交换了。"樵夫听到有这么多的绸缎，就高兴地接受了。

此后，樵夫却再也没有了在深山中砍柴的轻松和愉快，而是沉溺在那些财富中，每日为自己藏在家里的财富担心，不自觉地将自己拉进了痛苦的深渊。

其实，人人都有佛性之至宝，只是自己认识不到而已。大家都只晓得在世间贪图一些小利，损失了更多却不自知。

得到的那种忐忑不安比没有时更加让人痛苦。

不贪恋别人篮子里的菜，不觊觎别人匣子里的金银，握住手里已经得到的东西，踏实过自己的生活就好。

立足自己，筛选信息

当今之社会，我们像是放空的器皿，任由我们的眼、耳、鼻、舌、身、意被动地接受各种各样的信息，再一点一点、一滴一滴地丢掉我们的本性。

21 世纪是信息爆炸的时代，我们无时无刻不在接触各行各业、各式各类的有用的或无用的信息：电视里的广告轰炸、报刊中的针砭时弊及网络上的信息……我们总是被量如汪洋的信息重重包围，那些形形色色、千奇百怪的信息有时会让我们目不暇接、无所适从。成功学、管理学、营销学、公关学、人际关系学等等，种种冠冕堂皇的说教同残酷冷漠的现实对比，让我们心里总是充满失落、沮丧、悲观、迷惘、疲惫……这一切让你在心里给自己挖掘了一道又一道的颓废沟壑，把自己堵在一个又一个的死胡同里，东碰西撞，头破血流。

古话有云：小小一心，包容万物，放任自在，动静皆禅。我们别把种种信息元素跟自己时时纠缠在一起，别阻挡了自己心灵的眼睛，别忽略了美好的生活，所谓“风声雨声读书声声声入耳，闲事烦事忧愁事事事抛开”。

我们的心常受外界种种东西引诱，譬如追求国色珍宝，贪爱美味佳肴，留恋锦衣玉食，喜欢天籁妙音等。宋代空妙禅师曾为此作禅诗一首：

学道犹如守禁城，
昼防六贼夜惺惺，
中军主将能行令，
不动干戈治太平。

诗意是说我们的身心常被眼、耳、鼻、舌、身、意这六个盗贼所扰，丧失本性，遗忘纯真，但回归本性后就能把六个盗贼变成心灵之忠臣，即便面对世上无穷无尽之烦恼或美丽销魂之诱惑，也能安安心心地正常生活。我们不能被动地接受信息，要随时随地检测自己，完善自我。

绝大多数的疾病跟心灵不健康有莫大关联，我们的眼、耳、鼻、舌、身、意等知觉总在不断地被动接受外界信息，常让我们的心灵处于朝秦暮楚、见异思迁的不可控制之状态。心如平原走马，易放难收，我们总会让外界的信息牵着鼻子盲目地行走，乃至招灾惹祸，使自己的生活处于莫大烦恼和极度痛苦之中。

有个故事说，变色龙总是根据周围的环境不断变换自身的保护色，因此它的生活一直很顺心。但有一天它竟爬到了苏格兰方格上，这下子碰上了大麻烦：变色龙总想变出方格上的所有颜色，结果却死在了方格上。由此可见，周围的种种信息我们不能照单全收，接受得太多了反而会给我们带来不好的结果。我们要能够适应各种各样的环境又不迷失自我，适时地改变自己很有必要，但在适应外界之时千万别忘了真我本色，应牢牢把握自己的原则和立场。

心理学上有一种“巴纳姆效应”，这种效应主要表现为：当人们看到一种笼统的、一般的人格描述时，总会觉得十分准确地揭示了自己的特点。这个效应的命名，来自于一个叫肖曼 · 巴纳姆的马戏艺人。他的表演很受大众的欢迎，因为其中包含了所有人喜欢的成分，会让观众每一个人都感到有所收获，从而每分钟都会有人

“上当受骗”。在日常生活中，人们常常将别人的言行当成自己行动的参照物，从而轻易地受到身边各种信息的影响。凡此种种都说明，对于外界信息，我们不能轻易相信，必须调查取证之后才能下结论。

放弃你的钥匙

《庄子·逍遥游》载:“北冥有鱼,其名为鲲。鲲之大,不知其几千里也。化而为鸟,其名为鹏。鹏之背,不知几千里也。怒而飞,其翼若垂天之云……”我们的心灵本来是极其广大的,可以生存在“六极”“尘垢”“四海”之外乃至“无何有之乡”,但我们却往往无法摆脱名、利、禄、位等各种身外之物的束缚,让自己的精神无挂无碍、无我无物地逍遥于天地之间。

乔达摩·悉达多诞生于公元前653年的释迦族王室,其父为了让他继承王位便把他跟任何不幸之事隔开,禁止他离开王宫并以宫中的骄奢淫逸诱惑他。

偶然有一天,乔达摩·悉达多坐着王家马车出了王宫,透过帘子向外望,他首先看见的是一位瘦骨嶙峋的老妪,然后是一位奄奄一息的病人,接着又看见一位没有双腿在路旁行乞的残疾人。他惊得目瞪口呆,原来世上存在着种种疾病、灾祸和痛苦,他深深地为这些遭受苦痛的人们伤心了。当他坐着马车继续往前走时,又遇上了一支送葬队伍，再次感到震撼异常，以往的世界观彻底颠覆了。

为生老病死而万分苦恼的乔达摩·悉达多遇上了一位老者，为老者那睿智平和的气度所折服。他不禁自言自语地问："在这生死病老的苦难世界里，为何他能平静地笑？"车夫回答说："他是一位圣者，已找到真理并得到了解脱。"已为人夫、为人父的悉达多对世界有了全新的认识！为了彻底了悟生老病死、贫困富有等现象背后的根本原因，悉达多毅然放弃王位而出家修行，最后在一棵菩提树下修成了正果，被后世尊为"释迦牟尼"。

乔达摩·悉达多放弃了尊贵的身份、显赫的地位及无尽的荣华,得到了真理和解脱,但我们在面对选择时却总是拿不起、放不下。人生的成功,在于追求自我,成为你想成为的人,做你想做的事,说你想说的话,去你想去的地方。把已拥有的东西死死攥住而不肯放下的人,不可能坚持自己的梦想,更不可能勇往直前,他拥有的只能是手心里的那一点东西。假若我们松开手,我们的手掌虽是空的,但整个世界都在等待我们去拥有。

佛祖的袈裟

一个智慧和仁慈的人,他自己的袈裟,不就是佛祖的袈裟?

佛祖的袈裟是智慧和仁慈的象征。但也有人穿凿附会地认为:谁穿上佛祖的袈裟,谁就是再世佛祖。

佛祖去后,他的袈裟,三个徒弟"你""我""他"都想得到它。有一天,"你"来找"我"了。

"你"对"我"说:"师弟,你想不想得到佛祖的袈裟?"

"我"说:"想!"

"你"说:"那我们两人把'他'干掉,然后我们两人得袈裟!"

"我"摇了摇头说:"'他'也是我师哥,不能害死'他'!"

"你"于是便说:"那你帮不帮我?"

"我"说:"不帮,我谁也不帮!你们可以一人穿一天袈裟……"

"你"没听"我"说完,就气愤地走了。"你"走后,"他"也来找"我"了。

“他”对“我”说:“师弟,你想不想得到佛祖的袈裟?”

“我”说:“想!”

“他”说:“那我们两人把‘你’干掉,然后我们两人得袈裟!”

“我”摇了摇头说:“‘你’也是我师哥,不能害死‘你’!”

“他”于是便说:“那你帮不帮我?”

“我”说:“不帮,我谁也不帮!你们可以一人穿一天袈裟……”

“他”没听“我”说完,就气愤地走了。“你”和“他”开始争夺佛祖的袈裟,都想把对方置于死地。争来夺去,谁也没有战胜谁,最后落得两败俱伤。这时,“你”又来找“我”了。

“你”对“我”说:“师弟,帮我一把吧! 有了袈裟,不会少你的!”

“我”依然摇了摇头。

接着,“他”又来找“我”了。

“他”对“我”说:“师弟,帮我一把吧! 有了袈裟,不会少你的!”

“我”依然摇了摇头。

“我”对“你”和“他”说:“你们别再为袈裟争斗了,你们再斗下去,最后得利的人倒是我了!”

“你”和“他”听了一惊。然后,“你”和“他”就愤怒了:“师弟,你原来坐山观虎斗,可真有你的呀!”

“你”和“他”出去后,商量了半天。“我”虽然没有听见他们在商量些什么,但“我”知道,他们相互间已不再是对手了,因为他们已把矛头指向“我”了。

“你”和“他”怕“我”得到佛祖的袈裟,于是联合了起来,只要“我”稍有举动,他们就会采取行动。如今看到他们友好的样子,“我”笑了。

“我”去找“你”和“他”说:“你们轮流穿袈裟吧,一人穿一天!”

“你”和“他”望着“我”说:“‘你’不想穿?”

“我”说:“我斗不过你们,我不穿佛祖的袈裟了!”

“你”和“他”笑了。这时,“你”和“他”相安无事,一人穿一天佛祖的袈裟。而“我”,则穿着自己的袈裟。于是,“你”和“他”也不再为难“我”了。

许多年就那么过去了，“你”“我”“他”三个人相安无事。有一天，“你”和“他”捧着袈裟来见“我”了。

“你”和“他”对“我”说：“师弟，这佛祖的袈裟，你拿去穿吧！只有你才配穿上它！”

“我”看了“你”和“他”一眼说：“佛祖的袈裟，我已经不需要了，我有自己的袈裟就足够了！”

“你”和“他”说：“师弟，要不是你的智慧和仁慈，我们两人，只怕都早已身败名裂了。这佛祖的袈裟，你无论如何都得穿上它！”

“我”微笑着说：“你们明白了一半，还有一半你们还不明白。一个智慧和仁慈的人，他自己的袈裟，不就是佛祖的袈裟？一个没有智慧和仁慈的人，他即使穿着佛祖的袈裟，又能怎么样呢？重要的不在于穿不穿佛祖的袈裟，而在于一个人的头脑是否智慧、心地是否仁慈呀！”

“你”和“他”听了恍然大悟：“师弟，你就是再世佛祖呀！”

佛祖的袈裟，“你”“我”“他”三个人谁都不穿，把它供在了佛祖的像前。

事实上，我们每个人都穿着自己的袈裟，但是，只要心中有慈悲和智慧，那么在别人眼里，我们穿的都是佛祖的袈裟！

第三章

审视自己的心

◎ 做自己的心灵护士
◎ 大佛的避雷针
◎ 适时找寻依靠
◎ 人生三大陷阱
◎ 别忘了给生活加点糖

目光能时时观测内心的人才能找到内心的平静，当我们受困于某问题且尚未整理出清晰的解决方案时，最聪明的办法是让心境平静下来，让思考更深入。身处高压之下，我们心灵所能抵达的实际领域很容易被限制。假若我们能适时地放下压力，便可让一池浑浊的心水慢慢地沉淀，便可令心灵有效地向各领域更深广地延伸，此乃“水清鱼自现”的道理。

做自己的心灵护士

古代有位常爱为小事生气的妇人，她很讨厌自己的性格，但难以自抑，无可奈何，就去请高僧为她说禅讲道，开阔心胸。高僧问清她的来意，把她带入一间禅房，锁上门便出去了。

妇人看高僧不但不给自己讲禅，反倒把她锁进禅房里，于是气得直跳脚，大骂了好长时间，但始终未见高僧理会。于是，骂累了的妇人开始求高僧开门，但高僧仍旧不予理会。妇人无计可施，终于沉默下来。

高僧听到房中无声，走至房门外问："你还生气吗？"妇人气冲冲地答："我气，气自己干嘛来受罪。"高僧念声"阿弥陀佛"，道："你连自己都不能原谅，怎么能做到心如止水？"说完就转身离去。

又过了很长时间，高僧再次来到门前问："还生气吗？"妇人有气无力地答："不生气了。"高僧两掌合十问："原因呢？"妇人哼哼有声道："生气了又能如何？"高僧又念声"阿弥陀佛"，道："你不是没有气了，只是将你的气压在心里，爆发后将更加强烈。"说完又转身离开。

当高僧第三次来到门前,正准备询问妇人是否还在生气时,妇人语气平静地道:“我不生气了,不值得生气。”高僧笑着打开门道:“用值不值在心中衡量,足见你仍有气根啊。”妇人望着高僧道:“大师,气是什么?”

高僧不言不语,进屋拿起茶水洒在地上。妇人愣了又愣,随即叩谢离去。

生活之中充满了酸甜苦辣,当我们在种种追求和不断奋进之中被自己压得透不过气时,当我们为种种生活琐事烦恼生气之时,我们的心也跟着陷入困境。

郑板桥曾写过一副对联:“从来名士能评水,自古高僧爱斗茶。”

我们的生活像杯茶，第一杯甘，第二杯苦，第三杯涩，对应着人生的青春、中年和老年。第一杯茶好比我们风华正茂的青春，对未来、对生活充满了无限憧憬，谓之“甘”；第二杯茶好比步入中年之后的我们，迫于生活的压力而疲于奔命，谓之“苦”；第三杯茶好比甘过、苦过、累过的我们，进入老年后的滋味不甘也不苦，而是涩涩的。

世人皆曰禅茶一味，但称得上禅茶的可能只是茶中那份淡泊恬静及清心寡欲的平常味。眼泪表达不了真正的痛苦，满脸愁容的人也无法体会极致之痛。酒是人酿的，它可以让人愉悦，也可能让人醉倒；生活是人为的，我们可以享受生活，却也可能为生活而烦恼。别让生活把自己累倒，我们当学会做自己的心灵护士。

大佛的避雷针

大文学家苏东坡有一次跟挚友佛印禅师前往一座寺庙游玩，无意间瞧见观世音菩萨身上戴着念珠。苏东坡笑嘻嘻地问佛印禅师："观世音菩萨自己已经是佛，世人已经在念观世音菩萨，但是为什么菩萨也戴着念珠呢？他在念谁？"

佛印禅师当即作答："菩萨同世人一样，也在念观世音菩萨。"

苏东坡好奇地追问："他便是观世音菩萨啊！"

佛印禅师一语双关道："因为菩萨比世人更清楚——求人不如求己啊！"

暑假期间，有位爸爸带着孩子外出游玩，他们来到某寺院，其中有尊大佛竟有十多层楼高。天真的孩子带着浓重的好奇心，不停地在寺中四处打量，突然孩子指着那尊十多层楼高的大佛道："爸爸快看，大佛头上有避雷针。"爸爸顺着孩子的手势往上看："果真是避雷针啊！"孩子好奇心切，便问："为什么大佛的头上要装上避雷针呢？"

爸爸支支吾吾道："大佛也怕被雷打中嘛!"孩子似懂非懂道："佛怕被雷打中哇？原来佛也怕雷公啊，在天上是雷公最大吗?"

孩子带着童真的疑问，却使爸爸陷入沉思。原本，他不远千里带着孩子来到此处，是想祈求佛祖保佑他们的安康。但是，佛像明明也装着避雷针呀！如果佛祖尚且不能保佑自身的安危，又拿什么来保佑尘世间的这些血肉凡胎呢?

无论是观世音菩萨手中的念珠，还是大佛头上装着的避雷针，大概都在告诉世人同样的一个道理：求人不如求己。

世间充满了迷烟，行走于尘世当中的我们，早已蒙蔽了自己的佛心，于是都争着把佛像当成抵御灾难和祸患的"避雷针"；但是，

假若拂去了层层的尘埃，开启自己本有的大智慧，便不再需要给自己寻求避雷针，也无须抱着功利目的去参拜佛像了。

人给自己寻求“避雷针”，是因人的欲望与贪婪太巨大了，很容易被欲念击倒。其实，只要减少贪念，缩小欲望，又何需担心雷击呢？

作为人，应当时刻在自己心中装上“避雷针”。避开功名利禄的引诱，远离富贵金钱的诱惑，淡然享受平凡日子里的快乐，如此便好。

适时找寻依靠

人应当时常审视自己的心，当感觉茫然的时候，需要懂得借力，适时找寻依靠。

有一位妈妈带着自己的小儿子到杂货店买东西，杂货店的老板——一位亲切和蔼的叔叔——看着小男孩十分乖巧可爱，于是打开了一罐糖果，让小男孩自己抓一把。但是，小男孩只是盯着罐子里的糖果，手上却没有任何动作。经过多次邀请之后，老板干脆自己从罐子里抓出一大把，放进了小男孩上衣的口袋里。

出了杂货店，这位妈妈问孩子："你不是喜欢吃糖果吗？为什么老板给你的时候，你不去抓呢？"小男孩瞪着大大的眼睛看着妈妈，然后说："因为我的手比那个叔叔的手小很多，所以叔叔拿出来的糖果会比我自己拿出来的多很多。"

这个小男孩真是聪明，他知道自己的力量有限，知道跟别人相比自己的短处。而更加重要的是，他懂得凡事不需只靠自己一个人的力量，懂得可以适时依靠他人的道理。

有一位年轻人，在生活中经历了很多波折，遭受了各种痛苦，备受打击之余，年轻人想到了自杀。

一天深夜，趁着家人都在熟睡，这个年轻人找到一根绳子，悄悄地走到屋后的一片小树林里。他带着极度的哀伤，在树林里找了一棵合适的树，准备在上边结束自己的生命。正当他把绳子系向树枝的时候，树枝却开口说话了："年轻人，不要在我的这根枝上上吊。在这根树枝上住了一对小鸟，它们住在这里很久了，我一直很高兴可以用自己的叶子保护它们。如果你想在这儿吊死的话，我就会在重负之下折断的，到时候这两只鸟的家就要毁了。请你一定要体谅我，也可怜可怜这一对可爱的小鸟吧！"

听到树枝的话，年轻人只好再另选一根树枝。但是，正当他把绳子系向另一根树枝的时候，这第二根树枝也说起话来："有爱心

的年轻人啊，请你也体谅一下我吧。我去年跟一群小蜜蜂约好的，在下个春天的时候会开出美丽的花来迎接它们。眼看春天马上就要到了，如果你在我身上上吊，我一定会被折弯，到了春天，就不会开出美丽的花朵了。”

于是，年轻人停下了手中的动作，只得拿着绳子默默地找第三根树枝。可是，他还没来得及准备好手里的绳子，这第三根树枝也开始说话了：“可爱的朋友，我努力地伸长自己的身躯，就是为了夏天来临的时候，能够为疲惫的路人提供一点儿荫凉，让他们能暂时躲避灼热的日光。你吊在我身上，我就会折断，就不能再为他们提供凉爽了。”

不得已，年轻人只得环顾四周，寻找一棵更加合适的树。但是树林太小，树木也都还小，只有这一棵是最合适的。

年轻人陷入了深深的沉思。不知道过了多久，他突然自言自语地说：“我为什么要结束自己的生命呢？难道是我真的承受不了那些痛苦了吗？树枝尚且会为他人着想，难道我不能向它们学习一下吗？”

于是，想通了的年轻人扔掉了手中的绳子，迈着坚定的步子回家了。

他回家之前，从三根树枝上分别折了一小段细枝，并自此一直好好地收藏着它们。每当遇到困难的时候，他都会拿出这三根细枝看看，激励自己克服困难、保持乐观的精神。

人若是总在意自己，在意自己遭受到的委屈、不公、痛苦……那么就会使自己的心胸变得日益狭窄，就会慢慢地失去对生活的热情,就会错失很多的快乐。只有将眼界放宽,看到别人的需求,给予别人帮助,才能让生命变得蓬勃,才能使生活更加充实和快乐。

人生三大陷阱

有一位农夫，要去城里的市集。他赶着自己养的驴和山羊，要去市集上把它们卖了换钱。山羊的脖子上挂着铃铛，农夫在清脆的铃铛声中哼着小曲，悠闲地向城里走去。

途中，农夫遇到了三个小偷。三个人看到农夫赶着的驴和羊，忍不住摩拳擦掌。

其中一个年纪较小的小偷说："我能在不被农夫发现的情况下，把他的山羊偷过来。"

另一个小偷也不示弱，拍拍自己的胸脯说："这有什么难的？我可以悄无声息地偷走他的那头驴。"

听了二人的话，第三个小偷不屑一顾地说："你们两个说的那些，对于我来说都是小菜一碟，如探囊取物一样简单。我能把农夫身上所有的衣服都偷过来。"

说完这些话，三个小偷就各自开始行动了。

第一个小偷看到农夫只顾着自己牵着驴子、哼着小曲前行，完全不照看后边跟着的山羊。于是，他偷偷地靠近山羊，解下了山羊脖子上的铃铛。随后，他把铃铛系在了驴子的尾巴上，牵走了山羊。农夫以铃铛的声音判断山羊的存在，根本没有发现山羊已经不在了。

不知过了多久，农夫终于发现山羊不见了，于是牵着驴子着急地回去寻找。

这时候，第二个小偷走上前去，他假装问农夫："你这么着急，在寻找什么啊？"

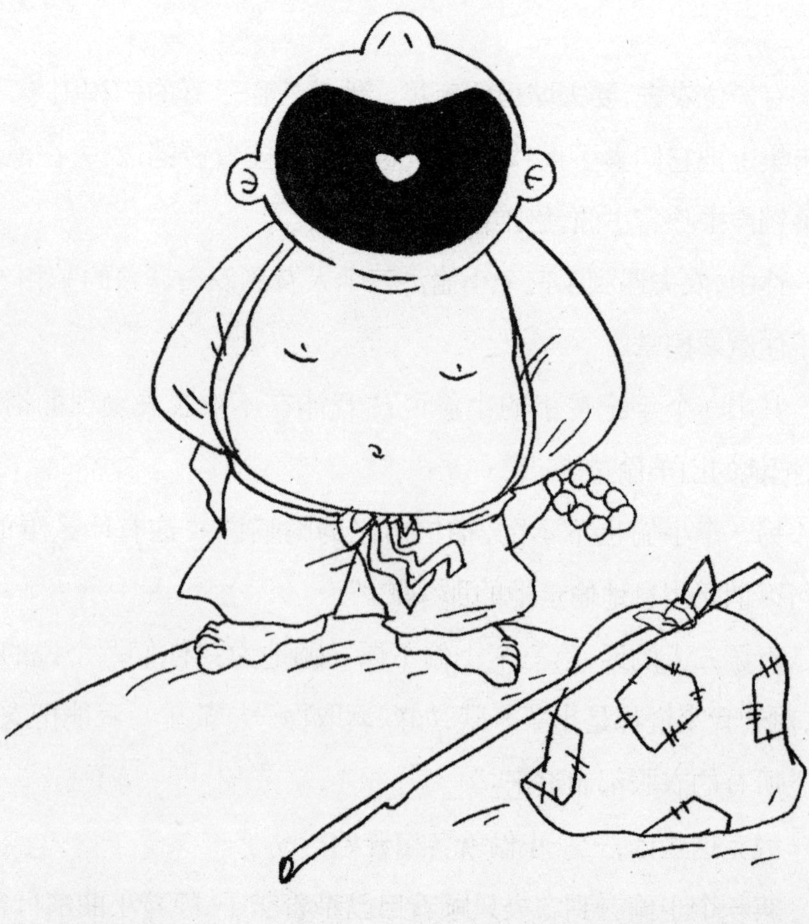

农夫回答：“我的山羊不见了，它本来一直跟在我身后的。”

小偷指着不远处的一片树林说：“真是太巧了，我过来的时候看见有人牵着一只羊，匆匆忙忙地往那片树林里去了，你现在赶紧追过去，估计还可以抓到那个小偷。”

得知这一情况，农夫想尽快把山羊追回，但是既不能牵着驴子去又不敢把驴子单独放在路边，于是他恳求第二个小偷帮他看一下驴子。谁知农夫一离开，这个小偷就趁机把驴子牵走了。

过了一会儿，没有找到山羊的农夫垂头丧气地回来，却悲伤地发现自己的驴子也被偷走了，于是哭着往回走。走到一片池塘边，看到一个人也坐在池塘边上痛哭，好心而善良的农夫就上前询问。

这个人伤心地对农夫说：“我的一位朋友托我把一袋金子送到城里去，走到这里的时候实在是太累了，于是我就坐在这片树荫下休息，谁知一不小心睡着了，把一袋金子滑落到池塘里去了。”

农夫对他说：“这池塘不算太深，你可以下去把金子捞上来。”

那个人却叹了口气说：“我根本不会游泳啊，我原本打算等人从这里经过的时候帮我把金子捞上来，我宁愿送他二十锭当作酬劳，但是这么长时间过去了，都没遇见人。”说着，那人又哭了起来。

农夫一听，心里充满了欢喜，如果捞上来金子，他就不必再找自己的驴子和山羊了。于是，他对那个人说：“我会游泳，我下去帮你打捞吧。”

农夫脱了衣服，跳到了池塘里，但是无论怎么找，他也没能找到那袋金子。无奈之下，他只好返回岸上，然而等他爬上来的时候，却发现那个人和自己的衣服都不见了。

有句话说:“害人之心不可有,防人之心不可无。”大意和轻信让农夫丢了自己的驴子和山羊,而贪婪又使他失去了自己的衣服。要知道,大意、轻信、贪婪这三种东西,可以让一个人变得一无所有。

别忘了给生活加点糖

肖扬的艳福是出名了——不到两年时间，就结了两次婚，而且两位太太都非常漂亮。就在大家纷纷羡慕的时候，却见肖扬眼圈发黑、神色黯然、面庞瘦削地出现在大家面前。大家很纳闷，就问他为什么会这样。

肖扬诉苦说："当初，我总是嫌弃第一位妻子的毛病太多。觉得她脾气不好，又经常对着我唠叨，而且花钱还大手大脚。不但如此，她还很懒，家务活几乎从来不碰，整个家里都是乱糟糟的。刚开始我还勉强能忍受，但是时间长了，我心里充满了厌烦，于是提出了离婚。

"这次失败的婚姻，让我考虑了很多，我决心一定要找一个懂得过日子的、既勤俭节约又爱干净的女人。终于，我遇到了现在的妻子。对照我设定的条件，她的各个方面都很符合。于是，我决定结婚，心想这次婚姻一定会很幸福。

“只是世事难料，婚后的生活并没有我想象得那么美好。她特别爱干净，几乎每天都要把家里打扫一遍。我每天回家，必须先洗澡、换衣服，否则就不能吃饭。亲朋好友到家里坐，她总是盯着人家，生怕弄脏了家里的东西，别人一走，她就逼着我跟她一起大扫除，为此很多人都不敢去我家了。

“虽然说节俭是美德，但是她把我的钱包盯得太紧了，令我常常囊中羞涩。家中的菜永远都是那简单的两样，甚至连肉都很少，我现在一看见餐桌上的那两样菜，就觉得反胃。有时候，我提议出去吃饭，她总是很冷淡地说我乱花钱，我气得直接想把桌子掀了。

“我觉得这种生活过得很压抑，每天都压得我喘不过气来，自己都不知道什么时候才是头……”

听完之后，大家都陷入了沉寂，不知道如何安慰肖扬。这时在座的一位年纪较大的人走到他的面前，意味深长地拍了拍肖扬的肩膀，坐在了他的旁边。

他对肖扬说：“年轻人，看起来，你还不懂得如何去经营自己的婚姻。”

肖扬听了，茫然地看着他。

“所谓‘尺有所短，寸有所长’，每个人都会有缺点。两个人走到一起之前，有各自的生活轨迹，生活习惯各不相同。这就像两只长满刺的刺猬，一不小心就会伤到对方。要想经营好自己的生活，就要学会相互包容。能够找到彼此最适宜的相处方式，能看到对方的优点，才能拥有幸福的生活。年轻人，你之所以过得不快乐，就是因为你只看到妻子的缺点。而且，你在生活中无限地放大了这些缺点,以至于它们遮蔽了你的双眼,让你看不到对方的优点,更感受不到生活的快乐。"

说完这番话,他又端起桌上的一杯咖啡,对着肖扬说:"人人都知道原味的咖啡很苦,但是只要你加入牛奶和糖,它便马上变得香醇可口了。婚姻也是如此,只要你融入自己的爱和包容,就会体会出幸福的味道。"

肖扬听了这些话,突然苦涩地笑了:"可惜这杯咖啡来得晚了点儿,如果能在我没离婚前给我就好了……"

那人又一次拍了拍肖扬的肩头:"年轻人,还不晚。"

生活本应是酸甜苦辣并存的,缺少任何一种滋味,就不是完美的生活。不要只盯着生活中的苦,让自己沉溺在苦涩中。要学会更好地生活,千万别忘了给生活加点儿糖。

第四章

拿回快乐的钥匙

◎ 心阔则心安
◎ 远离批评的干扰
◎ 经历了才会知道
◎ 富翁和他的酒
◎ 人生的红绿灯

某位先生说:“得不到领导的赏识,让我的情绪很低落。”他把快乐的钥匙塞在老板手里。

某位女士抱怨道:“我生活得不快乐,因为先生很忙。”她把快乐的钥匙放在先生手里。

某位妈妈说:“儿子太调皮了,总是惹我生气!”她把快乐的钥匙交在孩子手里。

他们都无法掌控自己,只能可怜兮兮地任人摆布。你的生活快乐吗?你的那把快乐的钥匙在哪里?如果在别人的手里,就去把它拿回来吧!

自由的是心灵,心灵自由者必自在,自在者必快乐。你何必将你的快乐交给他人?那样只会给自己带来空虚和烦恼;把快乐握在自己的手中,你将发现,在有意无意之间,快乐的事情会不期而至,让你快乐不已。

心阔则心安

有一个年轻的弟子，跟随他的师父学习。可是才不过半年，他就开始感到厌烦，觉得生活很没趣，功课又太辛苦，又没有什么大的前程。抱怨一多，就时不时地流露出来，无论是功课还是生活都变得疏懒起来。面对弟子的抱怨，他的师父颇感头疼。

一天，这位弟子又开始向师父抱怨功课的繁重，抱怨生活的无聊。看着滔滔不绝的徒弟，师父打断了他，并把他带到厨房里。

只见师父拿出一个杯子，倒上水，抓一把盐放到水里，随后端起杯子交给徒弟，对他说："尝尝什么味道。"

弟子接过杯子喝了一口，对师父说："很咸很苦。"

师父示意他放下杯子，然后对他说："你再去抓一把盐，放到那边盛满水的木桶里。"

等到徒弟把盐放到桶里之后，师父又说："现在你再尝尝桶里的水，品品是什么味道。"

弟子用勺子喝了一口，回答："只是有点儿咸。"

“你去罐子里再抓一把盐。”师父又吩咐道。

师父带着弟子，走到了附近的湖边。他让弟子把盐放到了湖里，然后对弟子说：“你现在再尝一下这湖里的水，看看是什么味道。”

徒弟掬起一捧水尝了一口，对师父说：“就是水的味道，没有咸味。”然后不解地问师父：“师父是想告诉我什么呢？”

“我想让你知道，生命中的痛苦就像手里的这把盐，你感受到的咸的程度，取决于你把它放到多大的容器当中。当你的心胸过于狭窄时，咸味就会很重；当你的胸怀变得非常广阔时，就不会尝到咸的味道了。”

其实，在现实生活中，大多数人也和这个弟子一样，抱怨自己没有机会去成功，抱怨自己不如人家富有，抱怨自己不如别人高、富、帅。岂不知烦闷能够摧毁人的活力，消磨人的意志。而驱除烦闷的最好方法，就是常常怀着一种愉快的态度，放开你的胸怀，保持愉快的心境。这种心境能够使我们看清自己，能够以平常之心面对自己的处境，而不会因为不切实际的想法而苦恼万分。

从前，有一位国王，突然心血来潮独自到郊外的别院里散步。但是，令他惊异的是，自己记忆中美丽的花园却变得十分荒凉：原本国王命人栽种的那些奇花异草，全部都枯萎了；就连那些曾经郁郁葱葱的树木，也都落光了叶子。

本来是想出来欣赏美景，结果却看到如此破败的景象！国王以为是园丁没有好好尽到自己的责任，于是叫来院子里的园丁，准备责罚他们。不过，经过园丁们的一番解释，国王才了解到事实真相。

原来，橡树觉得自己不如松树那么高大，在终日的轻生厌世中死去了；松树看到葡萄结满了果实，而自己只有寥寥几颗，于是也在忧闷中死去；而葡萄，它觉得自己总是依靠着架子，不能像树木一样直立，也不能开出美丽的花朵，于是也忧愤而死；就连小巧的牵牛花，也因为比不上紫藤萝的绚烂而病倒……

国王听完园丁们的解释，又在园子里转了一圈，意外地又发现：即便是那些尚且还活着的植物，也都显得无精打采、垂头丧气；整个花园里，几乎完全看不到绿色了。终于，在一个不显眼的角落里，国王发现了一株心安草。在这个不被人注意的角落里，它茂盛地生长着。

国王好奇地俯身问:“你这株小小的心安草,这满园的植物都枯萎了,你怎么还这么旺盛呢?难道你没有像它们一样沮丧吗?”

心安草平静地说:“我为什么要沮丧呢?尊贵的国王,您如果想要一棵橡树,园丁们就会为您种上;您想要一棵松树、一株葡萄,或者是一株牵牛花,他们也会遵从您的吩咐。而我知道,我就是我,您希望我做我的心安草,那我就安心地做小小的心安草就可以了。”

人生苦短,须知:心阔处便是快乐,心安处便有幸福。

远离批评的干扰

有一年，励志大师卡耐基正在作一次非常重要的演讲，不知为何，一位来自纽约《太阳报》的记者总是不断地在下面捣乱，不但提出一些让人很难堪的问题，而且还时不时地做出一些侮辱性的动作。对此，卡耐基努力克制着自己，没有发火，依然镇静地将演说进行完毕。

谁知，更过分的事情还在后头。

那个记者在听完演讲后写了一篇稿子，毫不留情地攻击卡耐基的工作乃至其尊严，而且语言犀利刻薄，并声称要发表在《太阳报》上，让全世界知道卡耐基的真实面目。这终于令卡耐基气愤难忍了。

感觉受了极大侮辱的卡耐基马上拨通了《太阳报》执行委员会主席古斯·季塔雅的电话，表达了对这个不知好歹的记者在演讲现场的不当言论、行为以及写的这篇极其不负责任的文章的愤慨，并要求报社拒绝刊登这个记者的文章，同时还要求这个记者作出书面道歉。

当然,《太阳报》经过核实,同意了卡耐基的提议。因为这个记者的言辞的确是过分。报社最终让这个记者出具了书面道歉书。

但是,这件事情并没有到此结束。有一些人说,卡耐基因为使用权力和关系,才使得事实不能为众人所知。

世人的评论,更让卡耐基觉得尴尬万分,进退两难。

多年后,当有人再次向卡耐基问起这件事的时候,他却说自己为了这件事一直感到很羞愧。卡耐基对大家说:"事实上,即便那位记者把自己的文章发在《太阳报》上,买了这份报纸的人,恐怕也会有一半不会去看这篇文章。即使是那些看到的人,也会有一半觉得这不值一提。再者,就算有些人记住了这篇报道,过几个礼拜之后也多半会忘记。"

"当年,如果我能意识到这一点,我肯定不会拨打那个愚蠢的电话。通过这件事情,我得出了一个教训,那就是:每个人都是独立的,别人对我们的批评,即使不公正,我们也不必阻止,但是我们却可以决定自己是否要被这些不公正干扰。关于这个道理,我们可以这样来比喻:尽可能做你应该做的事,然后把你的破伞收起来,免得让批评你的雨水顺脖子后边流下去。"

生活中,我们不能阻止别人不公正的批评,也无法避免别人对自己的不公正判断,但是我们起码可以让自己的内心不受这些因素的干扰。

经历了才会知道

俄法战争期间，拿破仑曾意外地跟部队走散。迷了路的他被一群俄国兵盯上了，由于俄国兵不能确定他是不是拿破仑，便未采取行动，只是暗中跟踪。拿破仑发现了跟踪自己的俄国官兵便转进了弯曲的小巷子，希望能摆脱敌人跟踪。但很不巧的是，弯曲的小巷是一个死胡同，拿破仑无可奈何地拐进了一个生意人家中。

他匆匆地走进店里，希望店主能救他。店主看见远远的地方走来几个官兵，便对拿破仑道："你躲入我刚进的那堆毛皮下吧。"拿破仑刚刚藏好，官兵们便走入店中："把刚刚走进你店里的人交出来！"店主假装镇定道："刚才的客人已走了。"俄国兵大喊道："他一定在你的店里，我们看到他跑进来了。"店主坚决否认。于是，官兵们就在店里到处搜索，他们甚至将剑刺到了那堆毛皮里面，但到底也没找到拿破仑，于是一气之下将店给砸了。

泄了愤的俄国官兵走后没多久，拿破仑的护卫兵寻了来，拿破仑毫发无损地从毛皮下爬了出来。店主战战兢兢地向拿破仑行礼道:“您是一个伟人,我有一个问题想要问您,但是请你一定要原谅我的冒昧。当您躲在那堆毛皮底下的时候,心里一定知道下一刻或许就是生命的最后时刻,那么你在当时是怎样的一种感觉呢?”

听完这个提问,拿破仑愤怒地冲店主道:“好大的胆子,你竟然向伟大的拿破仑皇帝问这个问题!警卫,将这个无礼的人拉出去,蒙住他的眼睛,我一定要亲自下令将他就地枪决!”

还没等店主反应过来,警卫们便已把他绑了起来。随后,他们把他拖到了外边,用黑布蒙住了他的眼睛,让他面对墙壁站着。被遮住双眼的店主,看不到外界的任何东西,只能凭声音辨别警卫们的动作。他感到警卫们已经排成了一列,都端着步枪瞄准着他,他还听到冷风从他耳边呼啸而过的声音。接着,他听到了拿破仑的声音:“预备……瞄准……”死亡的恐惧笼罩着他,让他浑身不住地战栗、发抖。

但是,枪声始终没有响,周围出奇地安静。不知过了多长时间,店主听到了逐渐走近的脚步声,接着有人解下了他的眼罩。当他适应了突然来临的光亮之后,看到了站在面前的拿破仑。拿破仑认真而又深沉地盯着他的双眼:“关于你刚才问我的问题,现在有了答案了吧?”

人生中的很多经验,要靠我们自己去经历,去感受,只有真正经历过大风大浪,只有真正经历过坎坷起伏,才能品味到生命的各种滋味。

富翁和他的酒

从前，在一个城市中住着一位富翁，他不爱琴棋，也不爱书画，最爱喝酒。为此，他在家里建造了一个酒窖，专门用来盛放好酒。富翁收藏了很多好酒，但是他从不舍得喝，每天只要看着那些坛子，闻着酒香，他就觉得内心很满足。

有一天，他的一位老朋友送给他一坛百年陈酿。他还没有打开坛子，便闻到了扑鼻的酒香。一向懂得品酒的富翁，知道这坛酒是他酒窖中其他的酒不能相比的。于是，他把这坛酒放在了酒窖最安全的地方。每天，富翁都会到酒窖中闻一闻这坛酒的香气。但是，他却从不舍得打开品尝。

不知怎么的，外边很多人都知道了富翁收藏了一坛绝世好酒。

一天，有一位京城的官员来到富翁家里。晚上，富翁设酒宴来款待这位官员。这位官员也是一个爱酒之人，宴席之上，他问富翁："传闻说阁下有一坛百年陈酿，不知道我今日是否有幸品尝？"富翁听了赶紧摆摆手说："我哪里能收藏到百年陈酿啊，您听到的都是外界的谣言。”这位官员知道富翁在说谎，但是也不好强人所难，况且宴席上的也都是好酒。

日子一天一天过去，不管是达官贵人来索求，还是他儿子举办婚宴，富翁都不舍得打开这坛酒。尽管富翁自己也很想品尝一下这坛酒的滋味，但却始终不舍得开封。

春去秋来，日子一天天地过去。有一天，富翁病倒了，病痛使得他无力再去酒窖看他的那坛百年陈酿了。即便现在他想品尝一口，也已经没有那份力气了。终于，富翁在对美酒的思念当中走完了自己的人生。

就在富翁死后，一伙强盗抢光了他一生积蓄的所有财产，连带他珍藏的那些美酒也一并抢去了。当然，也包括那坛一直没有打开过的百年陈酿。

人生在世，越是那些因舍不得而紧紧攥在手里的东西，就越容易毫无意义地失去。共享成功，共享快乐，才会得到更多。

人生的红绿灯

山姆好像总是得不到命运之神的眷顾，四岁时他便失去了自己的父母，幼小的他被寄养在一个远房叔叔家。

寄人篱下的生活并不好过，叔叔一家对小山姆很刻薄，让他做很多的重活，吆喝打骂更是常事。苦难的生活让山姆十分懂事，他给自己争取了上学的机会，而且很努力地读书学习。从小到大，山姆的成绩一直出类拔萃，终于考进了一所名牌大学，并选择了一个热门专业就读。

不幸的是，山姆毕业的时候赶上了经济危机，尽管他辛辛苦苦找了一年的工作，但始终没有公司愿意接纳他。

时间一天天过去了，山姆内心充满了失望与沮丧，忧郁的神情似乎总是爬满了他的脸颊。回到家中，面对叔叔一家人的嘲讽，更是让山姆觉得悲苦。忍无可忍的山姆于是自己出去租房住。

山姆的房东，是一位六十多岁的和蔼可亲的老太太。尽管山姆自己带着钥匙，但是每天回家，房东老太太都会亲自为山姆开门，然后乐呵呵地向他打招呼。每次看到山姆脸上沮丧的表情，老太太总是安慰他说："山姆，情况会慢慢变好的，你一定会找到一份很好的工作。"虽然山姆知道房东是在好心地安慰他，但是心里还是充满了感动。然而，山姆觉得房东老太太并不知道他面对的困难，他不能像房东老太太那样，每天都有大把的时间看窗外的景色，还有那来往的车辆和人群。他想，如果他可以有这样的生活，那么他也会活得很愉快。

一天，山姆闲来无事待在家里。他看到房东老太太静静地站在阳台上，于是走过去好奇地问："您每天都会站在这里，为什么呢？"

老太太喝了一口手里端着的咖啡，笑着回答："山姆，我在看马路上的红绿灯。"

山姆更纳闷了："红绿灯有什么好看的？"

老太太望着山姆："这些安装在马路上的红绿灯，记录下来的是过往行人的生命历程。人生的路也就像是你在过马路，会遇到红灯，也同样会遇到绿灯。红灯的时候，你就只能停止，一旦前行，就可能遭遇交通事故；绿灯的时候，你便可以放心地一路畅行。"

山姆听了，表示赞同地点了点头。

"当你走在路上的时候，有时候你远远地看过去，前边的灯是绿的，但是等你加速到了跟前时，它却变红了；相反地，你远远地看着是红灯，走到跟前就可能变成绿灯了。有些人总是会遇到前一种情况，有些人却总会遇到后一种情况。但是，不管是绿灯变红灯，还是红灯变绿灯，这些人最终都会驶过。孩子啊，人生的步伐，正因为有了红绿灯的变换，才得以有快慢的调整，你也才能欣赏到更多路边的风景。既然如此，我们何苦面对红灯就焦虑，看到绿灯就兴奋呢?”

听到这里，山姆终于扫尽了内心终日的阴霾，变得豁然开朗。他明白了，现在的情况只是他遇到了红灯而已，但是红灯总有变绿灯的时候。看着马路上的红绿灯，山姆由衷地笑了。

从此，山姆变得乐观开朗了，最终他成了一名成功的商人，并拥有了数亿美元的家产。后来，当他向很多人讲述自己的经历时，总会提起房东老太太的这段话。

成功之时，别忘了提醒自己，前面也许就会遇到红灯；失败之时，也别忘了告诉自己，前面可能就会遇到绿灯。

第五章

做最好的自己

◎ “没有”是一张白纸
◎ 生命的养料
◎ 太阳和星星
◎ 生活只是那一杯水
◎ 葡萄园哲学
◎ 墙外的苹果比墙里的甜
◎ 做最好的自己
◎ 做自己的主人
◎ 接纳自己
◎ 方丈与释迦牟尼像
◎ 在磨难中走向巅峰
◎ 佛塔上的老鼠
◎ 心即生活

春天的时候,微风吹拂着正在开花的果树,一些花儿会随风飘落,一些花儿则会留在枝头继续绽放。那些留在枝头的小花,会在岁月中长成一颗颗小小的青色果子。秋天来了,风再一次吹拂枝头,一些果子也会随风飘落,那些飘落的果子当中,有些已经将要成熟,有些则已经熟透。

人,也如同生在风中的花朵和果实,在不同的人生阶段,也会有不同的“坠落”。生命之旅有时也许很无常:有的还没能仔细看看这个世界的模样就已经夭折;有的还没来得及用自己的脚步去丈量这个世界的土地,就已经失去生命;有的还没有履行自己在这个社会中的责任,便已经永久地和这个大千世界说了再见……而有的人,却能安然享受自己的一生,直至寿终正寝。

当看到风中摇曳的花或果实的时候,我们也应该想到:人的生命,或许也很脆弱,也带有若干未知性和不稳定性。所以,我们更应珍惜当下,乐活当下。

“没有”是一张白纸

在大草原上，为了让羊群得到更好的成长，牧民们需要逐水草而居。因此，每到夏秋两季，牧民们都会将羊群迁徙几次。

在迁徙的过程中，他们要走很长的路。途中，他们会穿过危险的山口，会越过狭窄的盆地。在这条迁徙的道路上，总会有狼群出没。每次遇到狼群攻击的时候，不损失几只羊，他们是无法脱困的。

狼是一种很聪明的动物，他们很清楚牧民们的迁徙规律，也知道要守在什么地方等候羊群经过。因此，它们每次都能很准确地狩猎到自己的食物。狼属于国家二级保护动物，牧民们也不能为了羊群的安全而猎杀它们，为此，每次赶着羊群迁徙的时候，牧民们都会很犯愁。虽然他们想了各种方法，做了各种尝试，但是总不能尽如人意。

经过对多年经验的总结，牧民们最终还是想出了一个好办法：每次迁徙之前，他们都会把一些带肉的羊骨头煮熟，再用绳子将这些骨头捆住，然后将骨头扔在狼经常出没的地方。骨头的香气吸引了狼群，狼嗅着香味找到骨头就会啃食，但是骨头上缠着绳子，所以狼啃起来要费很大的力气。

原本，狼的目的是猎食经过的羊群。但是，香喷喷的骨头转移了它们的注意力，尽管羊群从它们的面前经过，它们仍在跟嘴里的骨头较劲！牧民们用这个办法，只付出了很小的代价，就避免了狼群带来的很大损失。

秋天来了，天气逐渐转凉，一群天鹅要从遥远的西伯利亚飞到南方觅食过冬。在迁徙的途中，它们需要飞过西斯利亚湖，而就在那里，它们会作短暂的停留。每年的天鹅迁徙季节，西斯利亚湖同时会吸引很多游人。游人喜欢用手中的食物喂食天鹅，于是天鹅不用自己觅食便能得到不错的食物，便不再往南飞……天气越来越冷，因贪求美食而留在湖边的天鹅都被冻死了。

于人而言，又何尝不是如此？为了眼前既得的微小利益，而放弃更大的长远利益，最终落得个得不偿失。

我们的生活，原本可以登上更高的台阶；我们的一生，原本可以变得更有成就。但是，旅途中的小风景，生命中的细小选择，总会让我们错失赢得更大辉煌的机会。

有时候，很多人正是因为“有了一点”，便不思进取，结果反而令自己失去了更多。其实，“有”也并不都是好事，“没有”也并不见得是坏事。有时，“没有”就像是展现在面前的一张画布，面对这张画布的时候，我们不应该若有所失，而应庆幸自己拥有无限的可能和机遇。

生命的养料

一个小男孩不幸患了脊髓灰质炎，后来虽然治愈了，却留下了终生残疾。每天，看着自己瘸了的腿，看着镜子里参差不齐的牙齿，小男孩心里充满了自卑。在学校里，他总是很沉默，很少参与同学们的游戏，即使上课时被老师叫起来回答问题，他也总是低着头沉默不语。回到家里，他就把自己关进小房间里，跟兄弟姐妹的交流也很少。

有一年的春天，邻居给了他们家好多的树苗，小男孩的父亲想把这些树苗种到院子里。那天天气很好，父亲叫来了所有的孩子，给他们每人发了一棵树苗，让他们亲手栽种到院子里。父亲还承诺说，谁的小树长势最好，就会买礼物奖给他。

尽管小男孩也很想得到父亲的礼物，可是，当他看到兄弟姐妹们蹦蹦跳跳的身影，又看看自己的瘸腿，心里的自卑不可抑制地蔓延。这种自卑使他内心萌生出一种怨念：不再好好照顾小树，并且希望小树苗快点儿枯萎死去。于是，虽然眼见兄弟姐妹们都在精心照顾各自的小树苗，小男孩对自己那棵再也不理不睬。

数天后，小男孩偶尔经过院子的时候，却惊奇地发现自己栽种的那棵小树竟然还活着！它不但没有枯萎，还长出了绿油油的新叶子。虽然看起来十分稀疏，但是跟其他的小树相比，生命力却毫不逊色，甚至可以说是长得最好的一棵！小男孩内心充满了惊喜，更让他高兴的是，父亲真的给他买了一件他最想要的礼物。在兄弟姐妹们羡慕的眼光中，小男孩心里有了小小的自豪感。父亲送给他礼物时还说，相信他长大之后，一定会成为植物学方面的专家。

父亲的奖品和鼓励，兄弟姐妹们的羡慕，使得小男孩渐渐地重拾自信。从此以后，他一天天变得积极乐观起来。

某夜，小男孩忽然想起了自己的小树，同时想到生物课上老师说植物一般会在晚上更快地生长，于是就想去印证一下老师说的话。就在他快走到小树边的时候，却惊讶地看见自己的父亲正在皎洁的月光下向自己的那棵小树洒着什么。直到这时，他才意识到，自己的小树一直长得那么好，完全是父亲精心照料的结果。为了不让父亲发现，他又偷偷地回到了自己的房间，坐在床上，忍不住泪流满面……

这位曾经自卑的小男孩，后来并没有成为父亲所说的植物学方面的专家，但他自信、开心地度过了一生。

对于一个生命来说，生存所需的最好的养分，就是爱。哪怕这份爱只是几滴清水，也能给这个生命以成长的力量。生命就像一棵瘦弱的小树，尽管它平凡，尽管它不起眼，但是只要有这份养分的滋润，它就能茁壮成长，就能枝繁叶茂，就能长成参天的大树，成为栋梁之才。

太阳和星星

一个年轻人毕业后就进入社会闯荡,但不幸的是,数年来他总是遭遇不同的挫折,几乎没有体验过任何成功的感觉。一天,正处于迷茫期的他遇到了自己在大学时的老师,老师自然而然地问起年轻人离开学校后的发展情况。

老师这么一问,一下子引发了年轻人长时间来积压在心里的苦闷。他就像终于遇到了倾诉的对象一样,不停地向老师倾吐着苦水。他将自己从踏出校门的那一刻直到当下的种种不顺遭遇,毫无保留地告诉了昔日的恩师。

对于年轻人的抱怨,老师一直安静地听着。等年轻人终于结束了自己的讲述,老师对他说:"听你这么一讲,好像你的状况一直都不好?"

年轻人无奈地点点头。

老师接着问:"难道你没有尝试过去做些改变吗?不想让自己过得更好一点儿吗?"

“我当然很想啊，但是我却不知道该怎么去做。老师，您有什么秘诀吗？”年轻人充满期待地望着自己的老师。

老师笑了笑，神秘地说：“老师这里确实有一个秘诀，不过今天不能告诉你。”

年轻人一听着急了，请求自己的老师无论如何也要帮帮他。

“这样吧，我给你一个地址，你如果明天晚上有空，就可以到那个地方去找我，到时候我再告诉你我的秘诀。”老师接着说。

第二天晚上，年轻人放下手头的所有事情，拿着老师给的地址前去聆听秘诀。他的内心充满了期待，对老师的秘诀抱有很大的希望。按照老师给的地址，他找到了位于郊区的一处简陋的平房。在那里，他发现了坐在凉椅上的老师。老师看年轻人来了，便示意他坐在旁边一把椅子上，并让他陪自己看看星星、聊聊天。

时间慢慢地过去了，夜越来越深，年轻人仍没有得到想要的答案，心里渐渐急躁起来。最终，他忍不住开了腔，希望老师能尽快告诉他那个成功的秘诀。

老师看着心急的年轻人，指着天上的星星问：“天空中繁星遍布，你能数得清有多少颗吗？”

年轻人显得不耐烦了，回答说：“这个当然数不清了，即便数清了又有什么用呢？”

听了年轻人的话，老师认真地对他说：“孩子，当白昼来临，我们站在这个地球上，放眼所及，看到的最远的东西就是太阳；天黑以后，太阳消失了，但是我们却可以看到比太阳更远的星体，而且数量要多得多，多到你根本无法数得清。”

听到老师的话，年轻人若有所思地抬头看了看星星，又低下头陷入思考。

老师看了一眼沉默的年轻人，继续说："我昨天听了你的讲述，我知道你的确过得不顺利。但是孩子，假使你年轻时就一帆风顺，就像是处在白天一样，终其一生，看到的只不过是一个太阳；你要知道，逆境就如人生当中的黑夜，只有在黑夜当中，你才能看到更远处的、更多的星星。"

年轻人顿时恍然大悟，对未来又充满了希望与信心。

不要抱怨人生中的黑暗，黑暗自有它存在的价值与意义。在黑暗当中，你会收获更远处的光亮。

生活只是那一杯水

小悠和小梅是从小一起长大的玩伴。高中毕业之后，小悠考上了一所不错的大学，而小梅却落榜了。小梅很早就失去了母亲，落榜之后的她回到了村里，全力帮助父亲供养弟妹们上学。小悠大学毕业之后，留在城里找了一份不错的工作，然后结婚生子。

有一年，小悠回到了家乡，好久不见的两个人坐在一起聊天。原来，小梅后来嫁给了一个乡村小学教师，家里的经济条件并不宽裕。不幸的是，她的婆婆又得了重病，虽然后来把病治好了，但是却瘫痪在床。为了贴补这个原本就不富裕的家庭，小梅开始耕种同村人不愿意种的土地，而且开始在村子里当起了代课老师。她一边工作一边种地，虽然挣的钱不多，但是勉强可以维持家计。

地里的农活很繁重，小梅不但要忙这些农活，还要抽出时间来备课；不但要照顾好躺在床上的婆婆，还要安顿好自己两个年幼的孩子。但是，不管有多忙，也不管有多累，小梅总会抽出时间去学习，认真地对待自己的教师工作。在学校的评比中，她所教的班级年年都能拿第一。功课不繁重的时候，小梅会抽时间带着孩子们去游玩，以开阔他们的视野，学习课本上学不到的知识。巨大的工作压力，沉重的生活负担，并没有磨蚀小梅的斗志，她参加了民办教师转正的考试，而且还考出了全县第一的好成绩。

小悠听了老朋友的讲述，很同情她一直以来的遭遇，于是问："这样的生活，你一定觉得很辛苦吧？"

没想到，小梅却爽朗地笑了："我过得很踏实，也很满足，虽然我的生活确实清苦了些。"

看到小梅脸上发自内心的笑，小悠突然想到了自己。每次回老家，乡亲们总会半开玩笑地对她说："在那么大的城市里，有个好

的工作、好的家庭，一定很幸福吧？”每当听到人家这样说，小悠都会有些沾沾自喜：确实很多熟人都生活得不如她。但是，当她面对着小梅的笑脸时，这些优越感却全都不在了。

小悠不敢跟小梅探讨什么样的生活才算是幸福，更不敢说她在城市里认识的那些人过得如何悠闲和富足。那些人，一件新衣服就是小梅几个月甚至是一年的工资，他们开着豪车，随意浪费那些高档的、贵得可怕的菜肴，他们工作之余想着的都是去哪里度过自己的周末……但是，这些人却不知道满足，他们抱怨自己活得累，他们永远行色匆匆，用冷漠的眼神看着周围的一切。这些人幸福吗？恐怕只有他们自己知道。

生活如人饮水，冷暖自知，只有自己慢慢去品味，才能体会到各种滋味。其实，最幸福的生活，不一定要有锦衣玉食，只需要你在这杯水中，活出属于自己的精彩。

葡萄园哲学

迈克是在孤儿院里长大的，他的生活是清贫的，从来没有享过什么福。但是，生活的清苦并没有打倒乐观的迈克，18 岁的他不但心地善良，而且乐于助人。

一天，闲来无事的迈克在大街上闲逛，突然一位独自行走的老人昏倒在了路边。很多人都上前去围观，但是却没有人伸出援手，只有迈克跑到附近的医院叫来了医生。原来老人患有心脏病，经过医生的一番抢救，老人终于醒了过来。

醒过来的老人，很感激医生对自己的救助，医生却指着迈克对老人说："您最应该感谢的是这位年轻人。"

老人上前握住迈克的双手说："你真善良，我一定要感谢你。"

迈克憨憨地笑了："我看您的穿着，也是一个穷苦的人，穷苦人之间是应该互相帮助的，您不必谢我。"

"我的名字叫西蒙，虽然外表看起来很简朴，但是我也算不上是很穷的人，因为我拥有几个葡萄庄园。我今天正是准备去几块庄园里看看呢，但是没想到却昏倒了。年轻人，你如果有时间，就陪着我去走走吧。”老人充满期待地对迈克说。

善良的迈克答应了老人的请求。

在去第一座葡萄庄园的途中，老人了解了迈克一直以来遭遇的不幸，也更清楚地感受到迈克的善良与纯朴。到了勃艮第后，西蒙领着迈克来到了自己的葡萄庄园。这儿的葡萄树密密麻麻，一株连着一株。每株树上的葡萄都是果实饱满、色泽鲜亮，既像天上明媚赤红的霞云，又像姑娘胸前鲜红耀眼的珠玉。迈克觉得自己目睹了世间美景，来到了人间天堂。此时的迈克想，要是自己能像西蒙那样拥有一座这样的葡萄庄园，这辈子就满足了。

第二天，两人换乘汽车赶往波尔多地区，那儿也有西蒙的一座葡萄庄园。与第一座葡萄庄园不同的是，这儿的葡萄植株稀稀拉拉，长势也不如第一座庄园的好。迈克想，为什么这个庄园的葡萄产量不如昨天那个的呢？迈克瞅瞅了土地，立刻便明白了，原来这儿的土壤是砾石地，远远不如勃艮第地区的土地肥沃。

第三天，两人又来到了位于莎布利地区的葡萄庄园。这里的葡萄树也很稀拉，并且每株葡萄树仅留一串果实，其余都剪掉了，而且与众不同的是，树上的葡萄是淡而又淡的绿色或金黄色。虽然葡萄极少，但整个庄园充满了阳光和自然气息。迈克又习惯性地瞅了瞅土壤，发现这儿的土壤比第二座葡萄庄园的更差，混杂着大量的沙砾、石块。迈克想，如果经营这样的庄园，那么生计就非常艰难了。

这天晚上，西蒙与迈克一起共进晚餐。品尝着清淡的禽肉、芳香的乳酪,西蒙向迈克说:“小伙子,是你救了我这条老命。我不会仅仅口头上表示感谢,而是要拿出实际行动来回报你。我知道你没有像样的工作,也没有一点资产。我有三处葡萄庄园,它们面积都差不多。我想送你一处,你看中哪一处,现在就告诉我。”迈克连连摆手说:“我救您,只是举手之劳,我怎么能乞求您的回报呢?”西蒙说:“一百座庄园也换不回一条命。另外只有奖励行善,才有更多人愿去行善。你就不要推辞了。我请你陪我挨个庄园看一遍,其实就是为了送给你一处。”迈克仍然推辞,但西蒙执意要送。迈克见推辞不过,就说:“那我就要位于莎布利地区的葡萄庄园吧。我有的是力气,可以用心去经营它。”此时的迈克虽然也想要第一座庄园,但他知道做人要识数,所以迈克想把西蒙的这个“亏损包袱”给揽过来,减轻他的压力。不料西蒙惊讶地说:“小伙子,想不到你这么年轻,竟然这么有眼光!”迈克大为不解。

西蒙打开一瓶淡黄色、澄清透明的干白葡萄酒,倒了一杯送给迈克说:“这酒就是你的葡萄庄园的霞多丽葡萄酿成的,你尝一

尝。”迈克喝了一口，觉得里面有一股梨子的清新果味；过一会儿，又觉得这酒是成熟的桃子味；再喝一下，更感觉有一抹香草和太妃糖的甜香萦绕口中。这葡萄酒实在是太好喝了，酸度恰到好处，口感紧实，回味绵长。西蒙笑了笑说：“这种葡萄酒甘冽芳醇，其劲道和复杂多层的梦幻感觉能让人们想起这世间最幸福的事情。之所以这么好，是因为这座庄园的葡萄非常稀少，集中了整块地的精华。”

西蒙认真地说，迈克认真地听。西蒙越讲越有劲，继续说道：“别看第一座葡萄庄园的产量高，但收入每年仅仅是几千美金。第二座葡萄庄园的产量虽少，但收入却是第一座葡萄庄园的几倍。第三座葡萄庄园，它非常神奇，虽然产量极少，但收入却是第一座葡萄庄园的几十倍。闻名全球的异常珍贵的莎当妮特酿干白葡萄酒就是用这座庄园的葡萄生产的。”

迈克非常不理解，问道：“为什么茂盛的葡萄庄园收入低，贫瘠的葡萄庄园反而收入高呢？”西蒙笑了笑说：“酿酒用的葡萄只有收成的概念，而没有丰收的概念。好收成并不意味着产量高，而是意味着葡萄的成熟度好、果皮成色佳、酸度和糖分适当。品质越高的葡萄酒，其产地往往都有严格的葡萄产量限制。另外，土地越贫瘠，所生的葡萄酿酒越好。因为只有在贫瘠的土地上，葡萄藤的根系才会穿透坚硬的岩层，向地层深处延伸，汲取地层深处的营养，从而结出沉积深厚的果实，最终才能酿造出香味丰沛的葡萄酒。如果土壤的营养过于丰富，便会使葡萄生长过旺而导致葡萄不能成熟，这样酿成的酒，其成分组成便不够理想。”

迈克想了想说："我明白了，决定河流大小的，不在源头，而在终点；决定葡萄园收益的，不在于其外表和产量，而在于终端市场上的葡萄酒的价值。"西蒙又笑了，笑得更加纯真、更加开朗。西蒙说："把这座葡萄园送给你，是我最开心的事。"迈克也笑了，心中充满了对美好未来的憧憬。

墙外的苹果比墙里的甜

有一个 7 岁的小男孩，不管是刮风还是下雨，每天都会穿梭在哈瓦那的大街上。他的父亲在煤矿工作，他的任务就是给父亲一天送三顿饭。从家里到煤矿，他每跑一趟都需要 30 分钟的时间。

在送饭的途中，小男孩总会路过国家训练中心的田径场。在田径场上，每天都会有一群和他差不多大的小孩儿在训练，这些孩子将来会参加国家的大型运动会，甚至他们的目标就是国际性的奥运会。

每次经过田径场，小男孩都会用充满羡慕的眼光盯着那些训练的孩子，他也渴望能出现在场地中，但是家境贫寒的他却得不到这样的机会。于是，在每天送饭的途中，他都会抽出时间爬上墙头，偷偷地看着田径场上那热闹非凡的场景，那些激烈的比赛总是让他热血沸腾。可是，场地外总是会有安保人员巡逻，为了不让他们发现，小男孩常常会躲在一个有苹果树遮挡的地方：他本身就很瘦小，那些树叶正好可以作为他的防护。

有一天，小男孩终于鼓起勇气对母亲说："妈妈，我想去读书，那样我就可以进那座训练场了。"母亲无奈地对他说："孩子，虽然你爸爸每天都拼命地工作，但也只是能让我们全家勉强度日，哪里来的钱供你上学呢？"小男孩央求道："但是我喜欢运动，也想成为未来的体育明星。"母亲叹了口气，说："孩子，不一定要去训练场才能训练。如果你想成为体育明星，你就跑步吧，每天计算着你去给爸爸送饭的时间，等你有一天用最短的时间到达了煤矿，那么就证明你成功了。"

于是，小男孩听从了母亲的建议，每天都尽力以最快的速度跑着去给父亲送饭。但是，每当经过训练场，他还是会偷偷爬上墙头向里面观望，久久舍不得离开。

春去秋来，小男孩一直赖以藏身的那棵苹果树上的果子成熟了。虽然苹果树主要长在墙里边，但是很多枝条伸到了墙外，所以很多苹果在还没成熟的时候就被过往的路人摘走了。然而，墙里边枝条上的那几个苹果却迎来了自己的秋天。于是，小男孩决定摘几个成熟的苹果带给母亲。

就在摘苹果的时候，小男孩意外地发现墙外的枝头上还有一颗长相不好的苹果，便随手摘下来咬了一口，没想到那个苹果虽然长得丑了点儿，却十分的香甜可口。他想，这样的一个苹果都如此好吃，其他的肯定更加美味，于是便将树上仅剩的苹果全都摘下来带回家里。

看到儿子带回来的苹果，母亲十分感动，于是拿起一个咬了一口，却微微地皱了皱眉头。小男孩问母亲："好吃吗？我摘苹果的时候吃了一颗，虽然不好看，但是很甜。"母亲说："这个也挺好吃。"

吃过晚饭，小男孩也拿了一个苹果，刚咬一口，便觉得酸涩难忍。他十分纳闷：为什么墙里边的苹果长得这么好看，却没有墙外边的那颗丑陋的果子好吃呢？于是，想知道答案的他便去问母亲。

母亲向他解释说："墙外是行人通过的道路，每天都会经过很多的人，也会腾起很多的灰尘。墙外的苹果会经历更多的风雨、更多的困难。可也正因为如此，它们更懂得坚强，更懂得上进，于是才能更加甜美可口。"

听完母亲的解释，小男孩豁然开朗。从那天开始，这段话时刻激励着他。经过田径场的时候，他不再留恋墙里边的风景，只是坚持一个人跑步，而且风雨无阻地一直跑了八年。

这个小男孩就是打破了世界冠军刘翔保持的110米栏世界纪录的罗伯斯，在2008年北京奥运会上，罗伯斯夺得了金牌。

那些生长在墙外的苹果，经历了更多的风雨和磨难，它们可能卑微，可能丝毫引不起人们的注意，但是只要它们能坚持到成熟的那一天，那么它们一定会比墙内的苹果更香甜，一定会成为世间最甜美的果实。

做最好的自己

有两只画眉鸟偶然相遇了:其中一只是被关在笼子里的宠物,被主人百般疼爱,终日生活在一方小天地中,无虑无忧;另一只是翱翔在树林里的小精灵,每天在天空中自由地飞来飞去。但是,它们却互相羡慕起对方来。关在笼子里的羡慕另一只的自由,在林子中飞的羡慕对方的安逸。于是,它们决定互换一下位置。

互换之后,最初的新鲜感很快过去了,更加不幸的是,两只画眉鸟相继死去。换进笼子里的那只,因为告别了广阔的天空,习惯不了笼子狭小的空间,整日心情消沉,最终抑郁而亡;而那只走出笼子的画眉鸟呢,安逸的生活让它早就丧失了捕食的本领,最终等待它的,是饥饿而亡。

无论何时何地,做最好的自己,便如身处天堂。

做自己的主人

1965 年的世界台球冠军争夺赛在美国纽约举行。在冠军争夺战中,路易斯 · 福克斯一直都发挥得很好,成绩一路遥遥领先,冠军的桂冠眼看就要收入手中。

但就在最后的一场决赛开始不久,路易斯发现一只苍蝇停在主球上,于是他挥起球杆把苍蝇赶走了。但当他准备击球时,却发现那只苍蝇又飞了回来,这时他又挥杆把苍蝇赶走。观众们见此情形都轻笑起来,而这时路易斯的平静心态已经被小小的苍蝇搅乱。

更加糟糕的是,就在路易斯第三次准备击球的时候,却发现那只苍蝇好像跟他作对一样,又一次停在了主球上。路易斯再也克制不住心中的愤怒,挥起球杆打苍蝇。但不幸的是,他打苍蝇时却不小心触动了主球,而裁判则判路易斯击球,他也因此丢失了一次机会。

失去一轮机会的路易斯心情坏到极点,方寸大乱并连连失误,而他的对手约翰却一步步赶了上来，越战越勇……最后，愤怒的路易斯被约翰反超，痛失桂冠。

第二天一大早，纽约的人们在河里发现了路易斯的尸体。警察分析后给出的死因竟然是：路易斯·福克斯因受不了比赛失败的结果而自杀！

路易斯控制不了自己的情绪，驾驭不了自己的心，而是让一时的情绪和心情控制了自己的行动，结果就是导致了自身的最终幻灭。所向无敌的世界冠军路易斯败给了约翰吗？没有，他败给了一只小苍蝇，败给了他自己。当时他完全可以保持平静的心态，不理睬那只讨厌的苍蝇，只是用心击球。试想，当他击动主球而令球体飞奔时，那只小小的苍蝇还能在主球上站住吗？

有句名言说得好:我们最大的敌人就是自己。生活当中,有些人时常说自己败在心态上,状态不佳……其实,这些失败的原因,都是源自于我们的心。一个人之所以状态不佳,心态不好,是因为不能做自己心的主人,不能去驾驭自己的情绪。

心是属于自己的,只有自己掌控好自己的内心,才能掌控好属于自己的人生。情绪是属于自己的,只有驾驭好自己的情绪,才能做自己情绪的主人,才能成就自己的美好生活。

接纳自己

很久以前，释迦牟尼佛有一位弟子，这位弟子是一位王子，在他即将登上王位的时候，他问佛陀："未来的道路，我该怎样去走呢？"

佛陀回答说："未来我无法预言，但这条路上我一直陪伴你。在你的一生之中，将会出现三道门，而在每一道门上，都会有一句话，也许这三道门能给你启示。这三道门，需要你自己去经历，等你迈过第三道门时，我就会出现在你面前。"

于是，王子高兴地回去了，并顺利地登上王位。因为有了释迦牟尼佛的陪伴，王子显得格外有信心。在登基后不久，他的面前便出现了佛说的第一道门，上面写着四个字："改变世界。"

已经成为国王的王子想：不错，我是国王，我的确需要按照我的理想去规划我的王国，一定要革除那些我看不顺眼的事物。于是，他按照自己的想法进行了一系列的改革。虽然他取得了一定的成绩，但总觉得心有余而力不足。身为一国之王，他居然很多事情都办不到，为此他很苦恼，也很烦躁，杀了好多反叛的大臣。岂知高压之下，暴乱愈加频发。

这个时候，第二道门出现在了他的面前，门上写着："改变别人。"

国王想：的确，改变世界之前，我要用良好的教化去教导我的臣民，使他们人人都向着正确的方向发展，这样就不会出现和自己对着干的了。于是，他又一步一步地实施了自己的计划。终于，王子感觉到了在"改变别人"的策略下，似乎事情有所好转。但是过了一段时间，他发现培养了一批表里不一的人，改变别人的结果，竟然是很多人对自己阳奉阴违。

他急于看到第三道门，等呀等呀，又过了好多年，终于遇到了第三道门，上面写着："改变自己。"

国王想：的确，无论是国家还是臣民，改变起来都很难，我不如改变自己，从现在开始，我要使自己的各个方面都变得更完美。于是，他开始修身养性。但让他疑惑的是，释迦牟尼佛曾说会在第三道门边等他，却一直没有出现，这使他心生不解。

就在这时，释迦牟尼佛出现了。国王对佛陀说："世尊啊，你说的那三道门我已经都遇到了，我看到了启示，也按指示作了一次次的尝试。经过这些实践，我知道了与其改变世界，不如改变这个世界上的人；与其去改变别人，不如改变我自己。"

佛陀听了微微一笑，说："你现在从反方向再走一次，或许会有新的体悟。"

听了佛陀的话，国王带着探索的心开始往回走去。首先，他看到了第三道门，只是从现在的方向看，门上不再是写着“改变自己”，而是写着“接纳自己”。他仔细考虑后才明白，那些在改变自己的道路上遇到的苦恼，就是因为不懂得去接纳自己才产生的。不想去承认自己的缺点，又总是在意自己做不到的事情，久而久之就陷入了自卑当中。国王于是下定决心：从当下开始，一定要学会审视自己，张开怀抱拥抱最真实的自己。

接着，第二道门出现在了他的面前，门上显现出的“接纳别人”四个大字非常醒目。想想从前的一切，他明白了自己为什么总是有那么多的抱怨。因为他不能够做到求同存异，不能够站在别人的角度去思考问题，也不能去体谅别人的为难之处。于是，这位国王开始让自己的内心充满包容。

最后，他走到了第三道门面前，“接纳世界”这四个字给了国王新的提示。这让他明白了自己在改革当中为什么总会遭遇失败：是他太相信人定胜天，总是以自己的意念去控制别人的行动，以至于在很多不必要的事情上浪费了很多时间。于是，他明白了拥有一颗宽广之心的重要性。

当国王走出最后这道门时，又一次看到了等在那里的释迦牟尼佛。佛对国王说：“我想，你现在已经明白什么是平静，懂得什么是和谐了。”

人活着，就该在生活中了解到自己的优点和缺点，然后学会扬长避短，并不断地去完善自我。一个真正成功的人，是需要胸怀坦荡的，要学会设身处地地为他人着想，要用一颗宽容的心去对待世界。

方丈与释迦牟尼像

相传,某寺院的一位方丈下山去弘扬佛法,在路过一家铜器店的时候,偶然看到一尊释迦牟尼佛像。这尊佛像很精致,看起来栩栩如生。更重要的是,逼真的佛像显出一种安详的神态,方丈看了之后很欢喜,心想一定要把这尊像带回庙里,并将这尊佛像开光,让僧众朝夕供奉。但是,当方丈问其价格的时候,店铺的老板竟然开出五千元的天价。更糟的是,狡猾的老板看出了方丈对这尊释迦牟尼像的钟爱,坚持分文不让。

无奈之下,方丈只好空手回到寺庙。回寺之后,方丈对众位僧人说起这件事,大家都觉得很可惜,于是问方丈原本打算出多少钱买下佛像。方丈笑了笑说:“买下那尊佛像,五百元就够了。”众僧惊讶:“这怎么可能呢?跟老板开出的价差得也太远了。”方丈语重心长地说:“茫茫人海,芸芸众生,人们的欲望就像无底洞一样难以填满,结果却往往会得不偿失。但我佛慈悲,以普度众生为己任,早晚这五百元就让他赚取吧。”

“那么，我们该怎样去度他呢?”有僧人问。

“只需让他对自己的行为进行忏悔即可，为此，你们按照我说的去做就行了。”方丈含笑回答。

按照方丈的吩咐，第一天一个弟子去了方丈先前去的那个店铺。他指着那尊佛像向老板询价，老板仍旧报出五千。这个弟子坚持给四千五百元，在双方都不肯让步的情况下，交易最终没能达成。

第二天，另一位弟子又来到了店铺，虽然老板开出了与前两次一样的价格，但是这位弟子却咬定了只给四千元。结果同前两次一样，只能无果而归。

就这样，每天都有一个不同的弟子下山来买这尊佛像，每一天给出的价都会比前一天低。到了第九天的时候，僧人们给出的价格已经低到了两百元。

面对一天比一天低的价格，店铺老板感到着急了。每一天，他都会后悔为什么前一天没有出手。第九天晚上，他看着那尊佛像，深深地责怪自己过于贪心，他心里想着，假如明天再有人来买，无论出多少价钱，都要把这尊佛像卖出去。

第十天的时候，方丈又亲自来到了这个店铺，对老板说自己愿意出五百元买下这尊佛像。老板没想到价格竟然再次回升，很高兴地将佛像卖给了方丈。方丈接过那尊释迦牟尼像，对老板说：“欲望本无边，凡事需有度，施主应明白适可而止的道理。”说完就离开了。

我们若不能抑制自身无穷的欲望，欲望便令我们仿佛活在地狱里，让我们每天都生活在痛苦之中。所以，作为一个人，最应该懂得知足，莫起贪心。

在磨难中走向巅峰

他是意大利著名的小提琴大师，也是著名的作曲家；作为音乐家，他举世闻名，被誉为“小提琴之神”“音乐之王”——他就是帕格尼尼，是一位在苦难中成长起来的天才。

帕格尼尼在音乐方面极具天赋，8 岁的时候，他就能写小提琴奏鸣曲。在热亚那举行公开演奏会时，帕格尼尼才 11 岁。从 13 岁起，他开始了自己的旅行演出。1805 年，帕格尼尼任卢加宫廷乐队小提琴独奏家。1825 年后，他足迹遍及奥地利、德国、法国和英国。除了小提琴之外，他还会演奏吉他和中提琴。《二十四首随想曲》，表现了他高超的演奏技巧。他的技巧不但影响了后来的小提琴作品，而且还影响了钢琴的技巧和作品。

很多人只看到了帕格尼尼的光鲜，却不知道这位天才小提琴家曾经经历了多少令人难以忍受的磨难。

当帕格尼尼还是个 4 岁的小孩童时，患上了麻疹和强直昏厥症，这些病痛，险些将这个日后的“小提琴演奏之神”装入棺材。四年之后，一场猩红热又差点儿夺去他的生命。病魔，始终未曾从帕格尼尼的生命中消失。到了他13岁的时候，又患上了严重肺炎，为此帕格尼尼不得不进行大量放血治疗。幼年时期的帕格尼尼，已与病痛开始了不懈的斗争，而即便在成年之后，病痛也依旧时时找上他。40岁时，因为牙床突然长满脓疮，他只好拔掉大部分的牙齿。祸不单行，牙病刚愈，眼睛的病痛又开始折磨他，其视力急剧下降，幼小的儿子成了他手中的拐杖。关节炎、肠道炎、喉结核等多种疾病，更是在他50岁之后对他的肌体进行着摧残。甚至到了后来，他的声带也坏了，不得不靠儿子看着他的口型来记录其思想。57岁时，帕格尼尼吐血而亡。但是，即便生命结束了，帕格尼尼的磨难仍旧没有结束。他死后，因为不被允许下葬，尸体也备受磨难，先后搬迁了8次才得以入土为安。

他的琴声使全世界的观众欣喜若狂。在意大利巡回演出时产生了神奇效果，以至于人们到处传说他的琴弦是魔鬼赋予的力量，所以他的琴声才魔力无穷。

歌德评价他说："在琴弦上展现了火一样的灵魂。"

李斯特的一句感叹则概括了他一生的命运："天啊！在这四根琴弦中包含着多少苦难、痛苦和受到残害的生灵啊！"

苦难不可改变，但我们可以改变对待苦难的态度，用积极乐观的心态去迎接苦难、接受苦难、战胜苦难，到达生命的巅峰。

佛塔上的老鼠

一只老鼠，四处漂泊，想给自己寻找一个安适的住处。最终，它看中了一座佛塔，于是便在佛塔的顶部安了家。

住进去以后，老鼠很享受在佛塔里的生活。佛塔的香火旺盛，每天都有很多的贡品，老鼠在佛塔的各层自由地穿梭，可以享受到不同口味的贡品。除了享受这些贡品，老鼠还喜欢坐在佛像的头上观看前来拜佛的善男信女，甚至还会留一些排泄物在佛像的头上。

每当它坐在佛像头顶看着那些善男信女们烧香叩拜、闻着那些不断散发的香气的时候，老鼠不禁有些自我陶醉起来，并在心中暗笑人类的愚蠢："这些人真是可笑，平日里看起来都耀武扬威的，可一进了这座佛塔，反而要跪拜我这只人人喊打的老鼠。即便你们给了我这许多的贡品，每天烧香叩头，我也不可能带给你们什么好处的。"

在佛像头上待得久了，这只老鼠俨然已经把自己当成了佛，觉得世间一切的生灵都应该来敬拜它。它甚至认为，自己天生就应该受到尊重，就应该享受这些美食，理所应当受到人们的崇拜。这种神仙般的生活，已经让老鼠忘了自己的身份，它在佛塔里开始肆无忌惮起来。

一天，一只饥饿的觅食的野猫来到了佛塔，看到了正在悠闲踱步的老鼠，毫不费力地就抓住了它。正当野猫准备一口吞下老鼠的时候，老鼠大喊："我代表着佛祖，你怎么能吃我？你应该向我跪拜！"

猫听了之后冷冷地笑道："你以为人们跪拜的是你吗？他们跪拜的，是你所占据的那个位置。"说完，就把还在挣扎的老鼠塞进了嘴里。就这样，一向悠闲自得的老鼠，死在了自己的自大狂妄之下。

很多人听了故事以后都在嘲笑老鼠，可是人类又何尝不是如此呢？

做最好的自己，首先就是要认清自己！你是什么？有没有像愚蠢的老鼠一样沾沾自喜，把别人的光环戴在自己的头上？

别让自己偶然所占的位置冲昏了理智以至陷入迷狂。做最真的自己，即是最好的自己。

心即生活

一个中年人，因为投资的失败，导致了自己的破产。为了还清欠下的债务，他不得不变卖汽车和房产。一无所有的他，最终只得带着自己的妻儿回到故乡。

曾经，他想着一定要衣锦还乡，但是有钱了之后自己一直忙于事业，总是抽不出时间回乡。孰料，最终却以这种破败的姿态回来。面对破旧的房子，看着简朴度日的妻儿，听着周围人对自己的议论，这个人心里充满了悲苦与绝望。

最初的时候，强烈的自尊心让他不敢走出家门，因为怕听到那些流言蜚语。一天天过去了，失败的打击，生活的贫苦，流言的中伤，终于逼得他选择走上绝路。一天，趁着妻子带着孩子回娘家的时候，他爬上了附近的一座山。在山顶的悬崖边上，长着一颗高大粗壮的核桃树，他走近核桃树，并准备就从那里跳下山崖。

正在这时，一群在山上玩耍的小孩子纷纷奔跑过来。原来，是树上边已经成熟的、又大又圆的核桃吸引了这群孩子。一个小孩子拿着棍子，准备敲打上边的核桃。但是，由于个子太矮，核桃树又高，这群孩子中没有一个可以敲到上边的核桃。

为了不吓到这群孩子，中年人一直躲藏在粗壮而古老的核桃树后边。就在孩子们无计可施之时，有一个孩子发现了这位中年人。为了吃到树上的核桃，他走过去对中年人说："叔叔，你也是来摘核桃的吗？能不能帮我们摘几颗？"

望着天真的孩子，这个人实在不忍心拒绝，于是他拿起地上的棍子，爬上了核桃树。一颗颗核桃从树上掉了下来，孩子们在欢呼声中，兴奋地捡着核桃。等孩子们欢欢喜喜地离开之后，他从树上下来，看着孩子们留给自己的核桃，他突然想到了自己的孩子，他的儿子也很喜欢吃核桃。因为这段时间发生的这些事，孩子已经很久没有吃到核桃了。于是，这个中年人脱下自己的外衣，包起地上的核桃回家了。

回到家的时候，妻子已经带着孩子从娘家回来了。孩子看到爸爸带回家的核桃,高兴极了,正在做饭的妻子也对着他微微地笑。看到这一幕,他再也没有自杀的念头了。有健康活泼的孩子,有不离不弃的妻子,他的生活还是完整的。

生活或许会逼得我们走投无路,又万般无奈,迫使我们很想远离喧闹的都市去找一个安静之地,去抚慰那颗疲惫的心,但生活禁止你停下脚步,因为竞争的残酷让你随时面临被淘汰的风险。

社会总是充满不尽如人意的地方,对此我们只能用平和自然的心态和坦荡的胸怀去排遣所有的烦恼和惆怅,即便处于煎熬之中,也可用笑脸面对风云变幻,并从中感受点点滴滴的快乐。

用自己的心去生活,心是怎样的姿态,生活便呈现什么样的色彩。心即生活。